一生、進化する筋膜リフト美顔

美容家
顔筋膜リフト・セルフケアトレーナー
佐藤由美子
YUMIKO SATO

SHUFUNOTOMOSHA

私たちは10年前より
キレイになれる。
自分の手と、1日10分の
時間があれば

目の下のたるみ
ゆるくなってきた輪郭
キメのあらくなった肌
深々としたほうれい線

私の顔が変わっていく。
ゆっくりと老いている。
40代、50代はそんなあせりを感じる年齢です。
私もそうでした。

でも、大丈夫。キレイはいつからでもとり戻せる。
必要なのは自分の手だけ。
そして1日10分、鏡に向き合い続ける気持ち。
それさえあれば私たちは自分の力でキレイになれる。

始めましょう。
顔の筋膜のセルフケアを。

鏡を見るのがイヤだった10年前の私。人生が大きく変わったのは自分の顔を愛せるようになったから

人はいつからでも、何歳からでも変われます。
それを一人でも多くの人に伝えたくて、この本を作りました。

これまで私は、自分に自信が持てない人間でした。太りやすい体質でダイエットを繰り返して体調をくずしたこともありました。
いろいろなチャンスが訪れても、一歩踏み出すことができず
結婚して、主婦になり、母親になって、病気の親の介護をして……。
家庭内のトラブルから不眠症になったのは37歳のときでした。
なんとか改善しなければとヨガを始め、
妊娠時に20kgふえていた体重を戻すことができたとき、
自分の中に確かな自信が育っていることを実感しました。

37歳　>>>　53歳

「**私が、私を、大切にしていこう**」と、心から思えたのです。
そして45歳のとき、離婚を決意しました。

ヨガインストラクターとして働きながら娘を育て
骨格調整・筋膜セルフマッサージなどの資格も取得しました。
「私のように**自信を失っている女性の皆さんの力になりたい！**」
それが私の使命とさえ思えるようになりました。
人間の体について本格的に学び、師について
筋膜や骨格を整える美容矯正の技術を習得、脳科学、心理学なども学び
オリジナルの筋膜リフト美顔セルフケアメソッドを立ち上げました。

もともと対面でレッスンをしてきましたが、
2020年にオンラインでレッスンを開始したところ、
「たるみやシワが消えた」「若返った！」と喜びの声をたくさんいただきました。
そして多くの人が、お顔の変化だけでなく、内面の変化を
口にするのです。**自信が持てた、前向きになった、笑顔がふえた**、と。

さあ、今度はあなたが変わる番です。
あなたのその手で、あなただけの美しさを引き出しましょう。

41歳 ≫ 53歳

38歳 ≫ 53歳

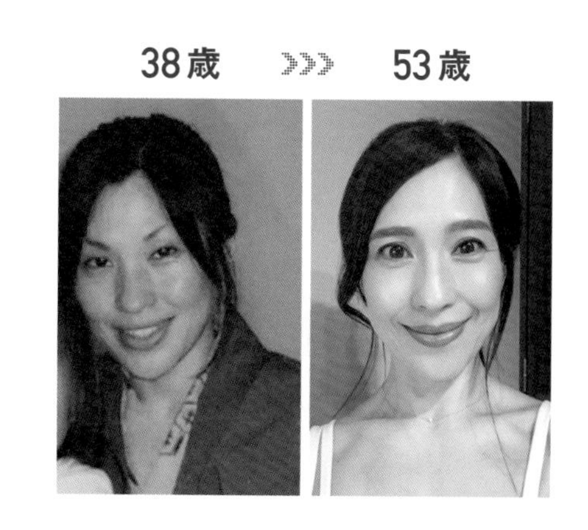

FASCIA OF THE FACE
SELF-CARE LESSON

たるみの原因は筋膜のヨレでした

筋膜とは、**筋肉や内臓など体のあらゆる組織をおおっている薄い膜**です。鶏肉についているラップのように薄い皮がありますよね。それが筋膜です。

筋膜は、強靭なコラーゲン繊維と、弾力のあるエラスチン繊維が織りなす**一枚の布**のようなもの。これが**ピンと張っていると、お顔がリフトアップ**するのです。

でも、年齢とともに筋膜の水分やコラーゲン繊維なども減り、筋肉の使い方やお顔の左右差などで筋膜に偏りやヨレが生まれます。そこに老廃物や脂肪などがたまり、たるみやシワになるのです。

また、筋膜は骨ともつながっているので、**筋膜のゆがみは骨にも影響を与えます。**「若いときと顔の形が変わった」という人は筋膜に原因があるかもしれません。

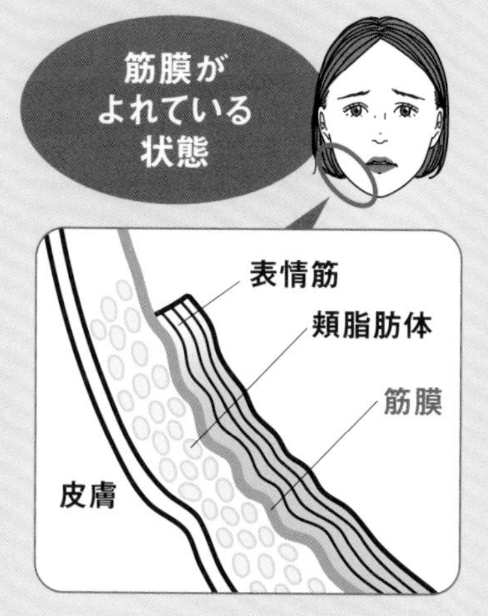

よれてしまった筋膜に余分な基質が滞り、たるみに変化。そのたるみが血液やリンパ液などを圧迫し、循環が悪くなる。

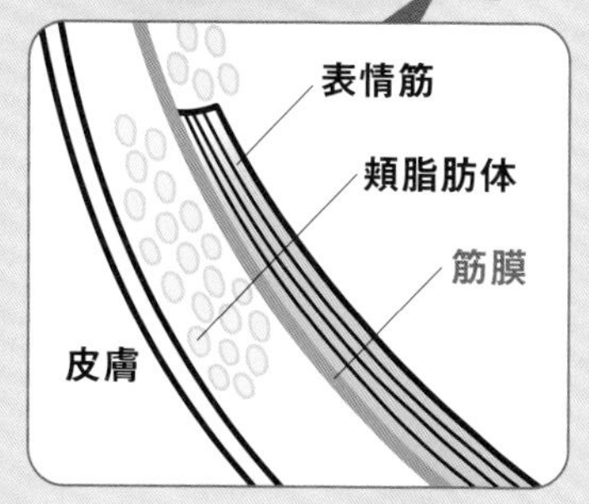

血液やリンパ液などを含む基質のめぐりがよく、不要なものが滞らない。

シワシワ

ピン！

FASCIA OF THE FACE
SELF-CARE LESSON

YUMIKO式筋膜リフト美顔セルフケア＝筋膜をほぐして、張る

PART 1

BASIC

お顔のウォーミングアップ

ベーシックセルフケア

固まった筋膜をほぐして、老廃物を流す

まず、ヨレてかたくなった筋膜をほぐします。指やこぶしなどでほどよい圧力と熱を加えていくことで、水分が戻り、ねじれた筋膜組織もきれいに整います。それとともに、たまっていた老廃物も流れて、お顔がスッキリするのです。

▼ p.37〜

←

PART 2

PREMIUM

気になるパーツの悩みを改善

プレミアムケア

パーツごとに筋膜を正しく整える

次に「ほうれい線を薄くしたい」「目をパッチリさせたい」など、気になるパーツを集中的にケアします。ベーシックセルフケアで筋膜の状態をよくして、さらにプレミアムケアを加えることでお顔の悩みが解消されていくのです。

▼ p.55〜

FASCIA OF THE FACE
SELF-CARE LESSON

「1カ月で顔が変わった！」実践した人の声を聞いてください

私のレッスンは基本的にオンラインです。対面よりも近い位置でお顔を見ることができるので、その変化は如実にわかります。2時間のレッスンを受けるだけでも、お顔のくすみが消えて血色がよくなり、フェイスラインが引き締まり、目が輝きます。それを1カ月続けると、ご本人も「顔が変わった」と実感できるまでに変化します。その人が本来持つ美しさが姿をあらわすのです。

体重は変わらないのに
顔が小さくなったので、
「やせた？」と聞かれます。
あごのラインが
シャープになり、
頬のたるみも改善しました。
（Sさん／50代）

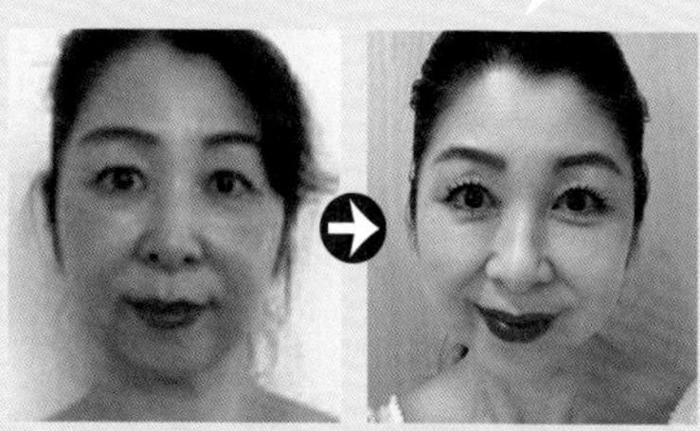

50代になって急に
老け込んだ気がしていましたが、
顔のたるみが解消され、
フェイスラインが
若返りました。
コツコツ続けていくと
本当に効果が出るんですね。
（MADOKAさん／50代）

一度試しただけでも、**顔の**
血行がよくなった
ことを実感！ 3カ月後には
頬の位置が上がり、
シワ、たるみ、くぼみが
気にならなくなりました。
（N・Sさん／40代）

久しぶりに会った友だちが、
私の顔を見て
「（美容整形）
やったの？」と。
そのレベルで変わったんです！
（R・Mさん／40代）

まん丸だった顔が
卵形になり、友だちにも
「小顔になった」と
驚かれています。あのまま
放置していたら、オバ顔
まっしぐらだったろうな……。
（池田さん／40代）

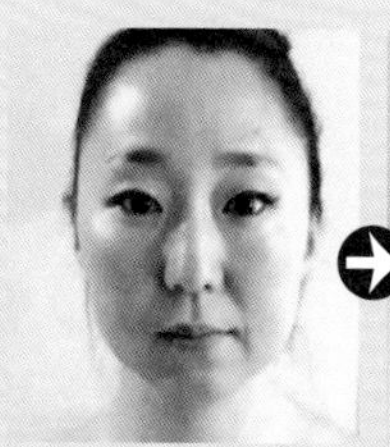

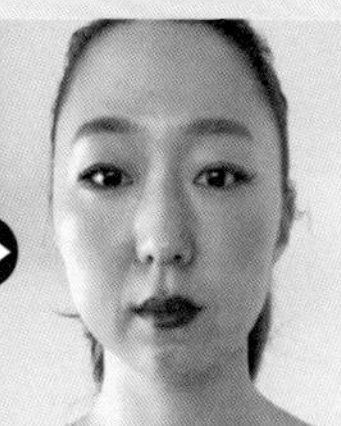

傾いていた口元がまっすぐになり、
顔の左右差がなくなりました！
頬のたるみも解消。
鏡を見るのがイヤでなくなりました。
（マリコさん／50代）

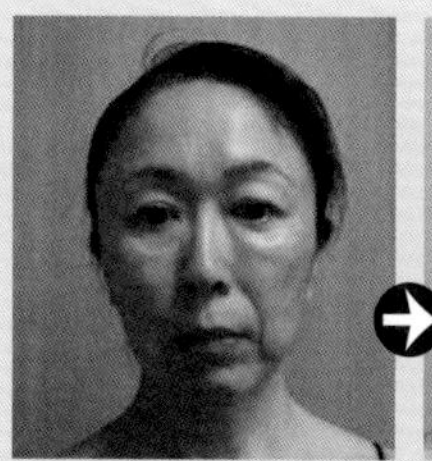

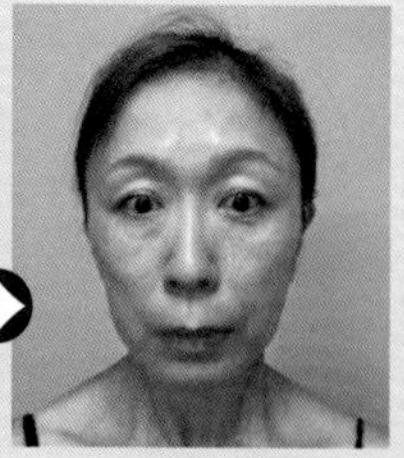

深刻な「マスクたるみ」が改善。ダイエットしたようにお顔スッキリ

埋もれている胸鎖乳突筋がむくみやたるみを悪化させる

仕事上マスクが必須なヒロコさん。マスクをつけ続けると、どうしても表情が固定化されて表情筋の動きが悪くなり、筋膜がかたくなってしまいます。それがお顔のたるみの原因の一つです。

また、ヒロコさんの首は胸鎖乳突筋（38ページ）が埋もれて、ほとんど見えていませんでした。胸鎖乳突筋の周りの筋膜が解放されると、お顔に滞っていた水分や老廃物が流れや

BEFORE

お悩み

- □ 顔のたるみ
- □ 二重あご
- □ 目が小さい
- □ ほうれい線

3カ月後

AFTER

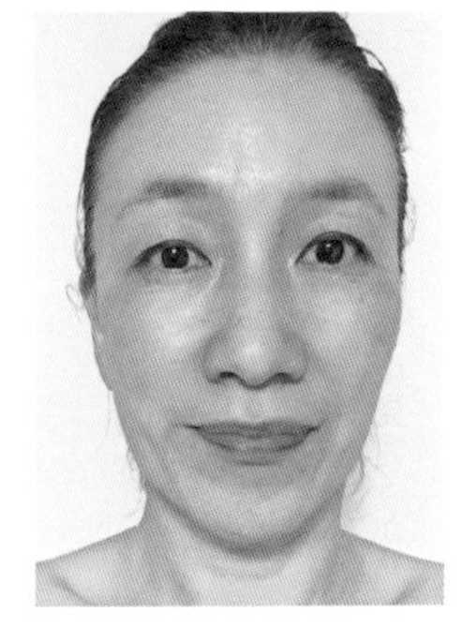

- ◎ **顔がひとまわり小さくなった**
- ◎ **目が大きくなり、顔が立体的に**
- ◎ **頬が引き上がり、あごがキュッ**

すくなるのです。これはベーシックセルフケアをしっかりおこなうことで効果が出ます。

「人生でいちばん、目が大きくなった」輝く笑顔をとり戻した

予想どおり、ヒロコさんは**1回のレッスンだけで頬がピンと引き上がりました**。お顔の筋膜がほぐれてたまっていた老廃物が流れ、血行も改善し、たるみも解消したのです。でも毎日続けないと、すぐ元通りに。ヒロコさんは忙しい合間をぬって毎日セルフケアを続け、1カ月後のレッスンではまさに「一皮むけた」状態になりました。**たるみが消えて鼻筋スッキリ**。私もうれしくなりました。3カ月後には写真のように、**お顔が立体的に**なりました。最大の変化は、目です。ヒロコさんは**「この目は、私の人生でいちばん大きいです」**と大きな瞳を輝かせて笑ってくれました。

from : **ヒロコさんより**

「自分の手で整えられる技術」は私の一生の財産です

やせたように見えるかもしれませんが、体重は変わっていません。顔の皮膚がピーンと張って、むくみが解消されたからでしょうね。特にプレミアムケアを始めてからは、鏡を見るたびに顔が変わるので楽しくなりました。仕事が忙しくて「きょうは無理かも」と思う日も、起きてすぐに胸鎖乳突筋とデコルテのケアをし、メイクの前に残りのケアをするなど分散して実践しました。

ずっと鏡を見るのがイヤで、きれいな人と自分をくらべてかってに落ち込んでいたのがウソみたいです。高額な化粧品や美容医療に頼らなくても、自分の顔を自分の手で整えられるという「財産」を手に入れました。由美子先生、私は死ぬまで続けます！

先生のレッスン動画をメモにして暗記しました。

お顔のサイズが明らかに変化。お肌もつややかに

姿勢が悪いせいであごが下がり顔が長くなっていた

カオリさんは最初「顔がたるみ、シワがふえた」と悩んでいましたが、私はそれ以上に姿勢の悪さと骨格のズレが気になりました。正面のビフォー写真は、首が見えませんよね。典型的なストレートネックで、頭が前に出ているせいです。そのため頭の重さが通常の倍以上の負荷になり、下あごのズレを誘発。徐々に面長になってしまったのです。カオリさんには「まず姿勢を正しましょう」と伝えました。

BEFORE

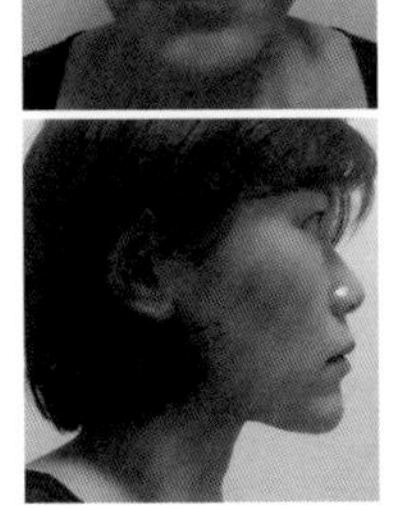

お悩み

- □ 顔のたるみ
- □ おでこのシワ
- □ ほうれい線
- □ シミ、くすみ
- □ 頬骨が出ている

3カ月後

AFTER

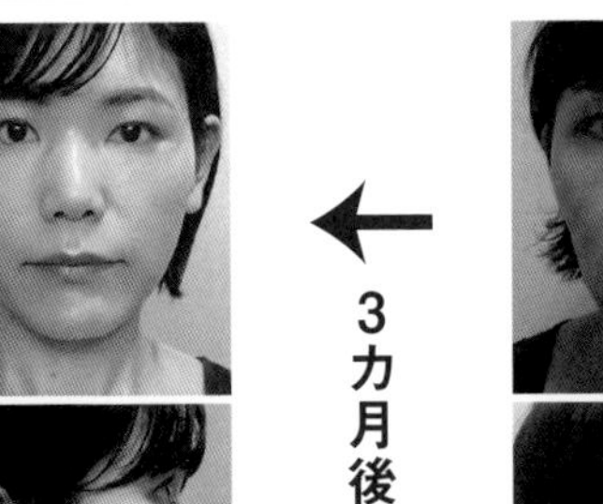

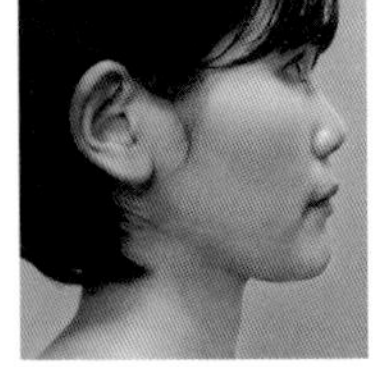

- ◎ 縦に伸びていた顔が小さくなった
- ◎ 肌にハリとうるおいが戻った
- ◎ まぶたが引き上がり、目がパッチリ

筋膜をほぐすと「痛い！」大丈夫、それは伸びしろ

ベーシックセルフケアのレッスンを始めてすぐ、お顔の筋膜がとてもかたくなっていることがわかりました。カオリさんは「先生、痛いです～」の連続。でも大丈夫。**痛みは全部、伸びしろ**ですから！　痛みを感じるということは、筋膜がよれてしまい固まっている証拠。それが元の位置に戻れば、顔ははっきりと変化します。案の定カオリさんは、3カ月で写真のように大変身しました。前に出ていたお顔の位置が戻り、**輪郭がキュッと引き締まりました**。めちゃくちゃ小顔です。さらに血行やリンパの流れが改善したことで肌に栄養と酸素が運ばれ、**お肌の状態もよくなりました**。デコルテの美しさもきわ立ちました。

from : **カオリ**さんより

まぶたや頬にハリが出てメイクが楽しくなりました

40代で2人目を出産してから、おしゃれやメイクにかける時間が激減しました。久しぶりに鏡を見ると、顔はたるみ、シワやほうれい線もくっきり。まぶたも下がってきたのでアイメイクに時間がかかる。ほんとうにショックでした。インスタグラムで由美子先生のレッスンを知り、直接指導していただいたところ、たった1回で顔が引き上がって驚きました。顔色がよくなり、メイクののりが違うのです。アイラインもスッと引けるので一瞬で終わります。なにより、悩みだらけだった私が、鏡を見るのが苦痛でなくなったのです。「大丈夫、すぐ変わるよ。先が楽しみだね！」と前向きな言葉で励ましてくれた由美子先生のおかげ。パワーをいただきました。

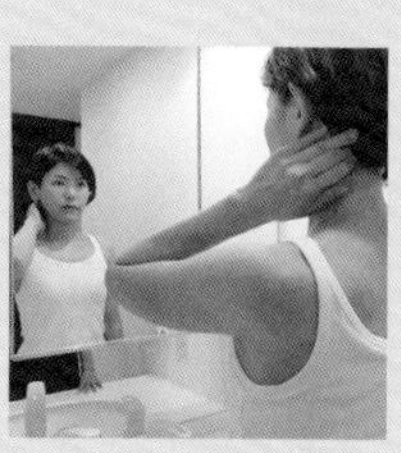

毎朝、洗面所でパッとセルフケアします。

File 3

ヒサコさん

年齢	50代前半
職業	会社員
ケアは	ほぼ毎日
時間帯	朝リビングで

顔の左右差がなくなり目の位置とあごのラインが整う

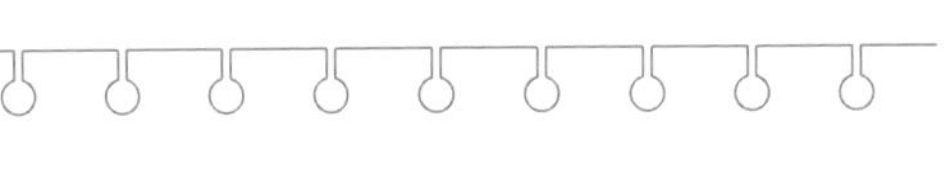

顔が長く見えるのは下あごの位置がずれているため

「最近顔が老けてきた」とお悩みだったヒサコさん。化粧品やマッサージを試しても変化がなく、顔の左右差が大きくなり、面長になってきたそうです。その原因は「下あご」にあると思いました。下あごは側頭骨に関節だけでつながっていて、固定されていないのでずれやすいのですが、ヒサコさんはあごの先端が中心にきていません。この状態で食べたり話したりを続けるうちに筋膜や骨格のゆがみが

BEFORE

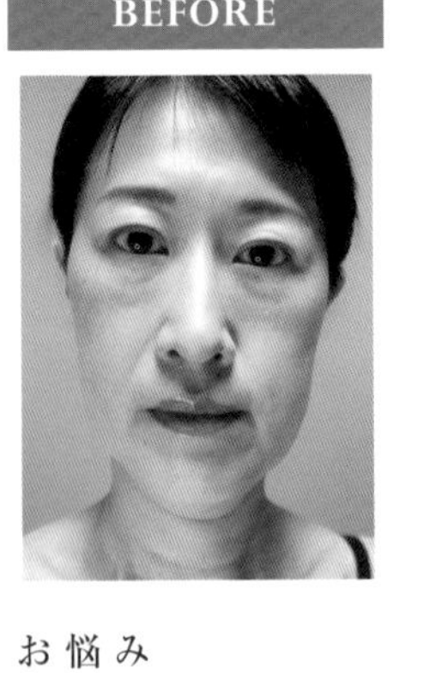

3カ月後

AFTER

お悩み

- □ 目の下のたるみ
- □ あごのたるみ
- □ 顔の左右差
- □ シミ、くすみ

- ◎ 顔の左右差が改善されてきた
- ◎ フェイスラインがシャープに
- ◎ 肌にハリと透明感が出た

ひどくなり、顔の形が変わってきたのではないかと感じました。

パソコン作業でくずれた姿勢に胸鎖乳突筋とデコルテのケアを

また、首が細く、胸鎖乳突筋も弱々しい状態でした。ふだんの生活の中で首をあまり動かせていない証拠です。そのせいで首周りもたるみ始め、お顔の老廃物も滞ってしまったのでしょう。ベーシックセルフケアでは**胸鎖乳突筋のほぐし方**を、プレミアムケアでは**左右差を改善するケア**をていねいにお伝えしました。パソコンを使うお仕事なので、「休憩時間には胸鎖乳突筋やデコルテをゆるめてね」とも話しました。

そして3カ月後が左の写真。大変身ですね！ **お顔が小さくなり、左右差もなくなりました**。本来の美しさが戻ってきたと感じます。

from : **ヒサコ**さんより

母に「何かした？」と疑われそれがちょっぴりうれしいのです

女手ひとつで育ててきた息子2人も社会人になり、私の子育ては終了。「これからは一人の女性として人生を楽しみたい！」と思ったのに、鏡の中の自分はびっくりするほど老けていました。改善できないかとインスタグラムで情報を集めて、出会ったのが由美子先生です。実際にレッスンを受けると指摘は的確で、「この人は本物だ！」と感じました。

実際、やればやるほど顔が変わります。特に左右差改善のセルフケアはすばらしく、長く悩まされていた顎関節症も改善したのです。面長だった顔も整い、肌のシミも薄くなりました。母に「何かやった？」と整形を疑われたときには、思わず笑ってしまいました。会社の同僚やコンビニの店員さんにまでほめてもらえました（笑）。今後も自分をアップデートして、人生を輝かせていきたいと思っています。

「美容医療はもういりません」レッスンのたびにあふれる涙

たくさんのコンプレックスは自分を観察・分析できている証拠

米国在住のマスミさんは、自分の顔をよく観察している方でした。ボトックスなどの美容医療にも通っていて、「この部分をこう変えたい」と希望も明確。マスミさんは本気です。「こういう人こそ絶対に変化する」と私は確信しました。予想通り、最初のレッスンだけで**お顔がピンと引き上がり、ほうれい線が薄くなりました**。マスミさんは「先生に出会えてよかった」とポロポロ涙をこぼしました。

BEFORE

お悩み

- □ ほうれい線がくっきり
- □ 目の下のゴルゴライン
- □ 顔のゆがみ、むくみ
- □ 顔が大きくなってきた

3カ月後 ←

AFTER

- ◎ **血色がよくなり肌のきめが細かくなった**
- ◎ **顔がピンと張っている感覚**
- ◎ **顔が小さくなり、あごがV字に**

筋膜をピンと張ると小顔になり
あごもV字に！ シワも消えます

マスミさんは特に、ほうれい線や目の下に浮き出るゴルゴラインを気にしていました。これはプレミアムケアで、筋膜をピンと張ってあげることで改善します。単に圧迫するだけでなく、呼吸と合わせて引き上げることで筋膜が整うのです。お顔にたまっていた老廃物も流れていきますから、むくみの解消にもつながります。

3カ月後、マスミさんのお顔は明らかに小さくなりました。やせたように見えますが、実は「3キロ太ったんです」と笑います。どんなに疲れていても、旅行先でも、欠かさずセルフケアを続けたマスミさん。米国人のご主人にもほめられ、ますますご夫婦円満だそうです。

from : **マスミさんより**

肌が常にピンと張っている
こんなの初めてです！

48歳で生理が止まったことを境に、老化が目に見えて深刻になり、ネガティブ思考になりました。由美子先生のプライベートレッスンを受けたかったのですが、夫が大反対。それでグループレッスンに一度だけ参加して実践してみたところ、明らかに顔が変わったのです。そのあと一人で先生から学んだことをコツコツ繰り返すと、夫に「きれいになった！」と驚かれ、プライベートレッスンの受講を許可してもらえたのです。

顔の変化もうれしいのですが、今まで何ひとつ継続して努力できなかった私が、1日も休まず続けていることに感激しました。そして、その効果が顔の変化にあらわれていることがうれしい。外見だけでなく内面まで健康になっています。私にはもう、美容医療はいりません。

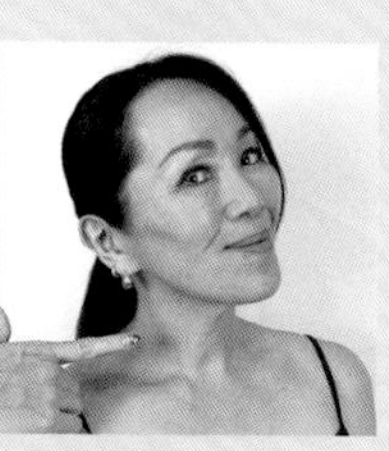

胸鎖乳突筋がくっきりして顔が小さくなりました！

CONTENTS

プロローグ

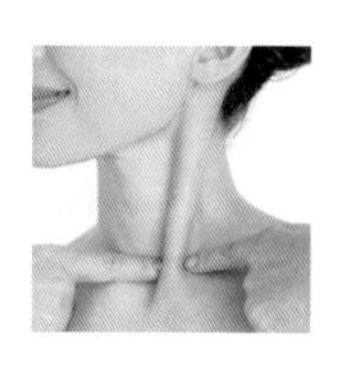

PART 1

お顔のウォーミングアップ

ベーシックセルフケア

PART 2

気になるパーツの悩みを改善
プレミアムケア

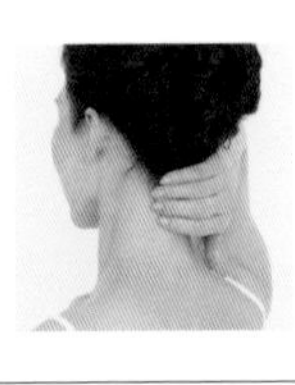

PART 3

奇跡の50代をつくる
毎日の美ルーティン

PART 4

顔から前向きに変わる、心のセルフケア

この本の効果的な使い方

プロローグを読んで準備

まず、p.26 ～ 35 を読んで、YUMIKO 式・
筋膜リフト美顔セルフケアの大原則を
しっかり理解しましょう。効果が変わってきます！

▼

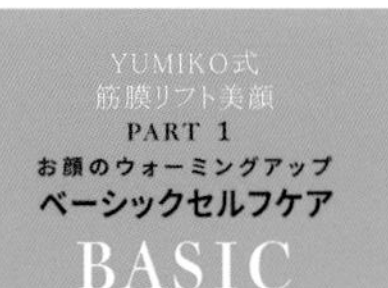

お顔のウォーミングアップ

ベーシックセルフケア

かたまってしまった筋膜をほぐしていきます。
筋膜がかたいとパーツ別ケアの効果が出にくいので、
繰り返し実践しましょう。

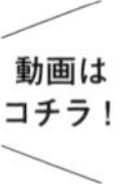

ケアのPOINT!

- 「01胸鎖乳突筋」「02デコルテ」：毎日の習慣に。
- 「03」～「07」：２～３日に１回でOKです。

YUMIKO式
筋膜リフト美顔
PART 2
気になるパーツの悩みを改善
プレミアムケア
PREMIUM

PART 2 p.55～

気になるパーツの悩みを改善

プレミアムケア

かたくなった筋膜がほぐれたら、
悩み別のケアにトライ。筋膜をピンと張って、
気になるパーツの悩みを解消していきます。

動画は
コチラ！

ケアのPOINT!

- 気になるケアだけトライしてもOK。
- すべてのケアをしてもOK。
- 毎日実践するとより効果的。

オイル使用

このマークがついているページでは、必ず顔用のオイルなどを使ってください。

写真や動画は、鏡を見たときに左右となるように撮影されています。

プロローグ

お顔の筋膜をピンと張るためには、
肌の上から指で圧をかける必要があります。
正しい方法でおこなわなければデリケートな大人の肌に
ダメージを加えることになりかねません。
セルフケアを始めるときに
必ず守ってほしいことをまとめました。
しっかり読んでから、PART 1・2に進んでください。

準備はこれだけ
鏡、オイル、そして手さえあれば

セルフケアで使うのは、自分の手だけ。特別な道具はいりません。指先が皮膚にふれる場面も多いので、つめの長さに注意してくださいね。

鏡は使うほうがベターです。正しい位置を指で押さえるために、**鏡で確認しながらのケア**をおすすめしています。

オイルはお肌への摩擦を減らすために使います。特にベーシックセルフケアでは、老廃物を流すためにお肌の上で手をすべらせるので、何もつけないと皮膚がこすれてトラブルの原因になります。乳液やクリームでも代用できるので、お手持ちのもので大丈夫です。お風呂で湯ぶねにつかりながらケアする場合は、何もつけなくても問題ありません。

OIL

好きな香りのオイルを使えば
リラクセーション効果も高まります。
顔のお手入れに使うフェイスオイルを。

MIRROR

できれば横顔までチェックできる
三面鏡がおすすめです。

Rule 1

絶対にこすらない

顔の筋膜セルフケアの最大のルールは「こすらない」こと。
「指でお肌をこするんですよね？」とカン違いされる人もいますが、違います！
摩擦の刺激はシワ、シミ、くすみなどの原因に。
基本は「ずり圧」。皮膚の表面ではなく奥を動かします。

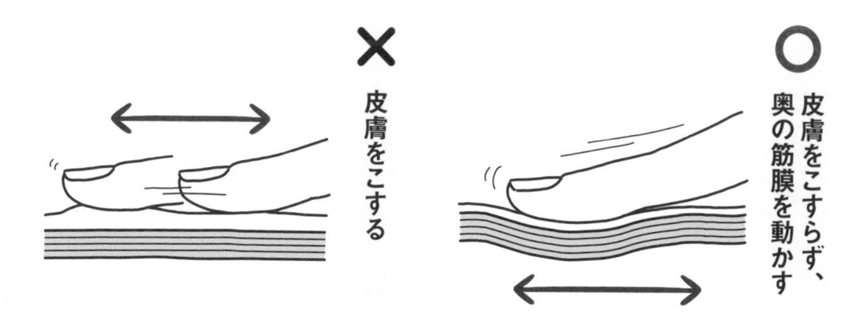

「ずり圧」が基本です

人さし指の「ずり圧」

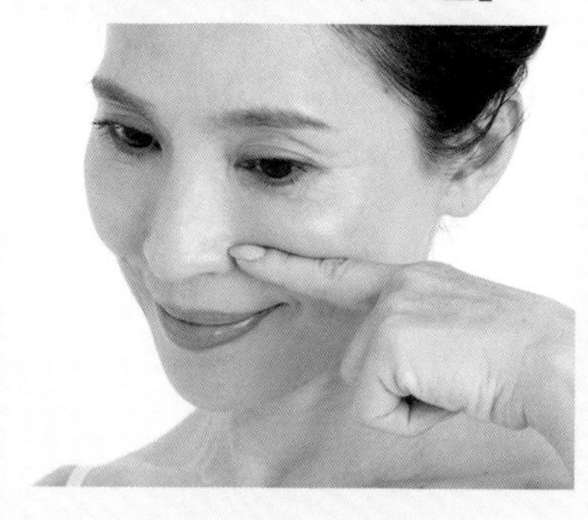

4本指の「ずり圧」

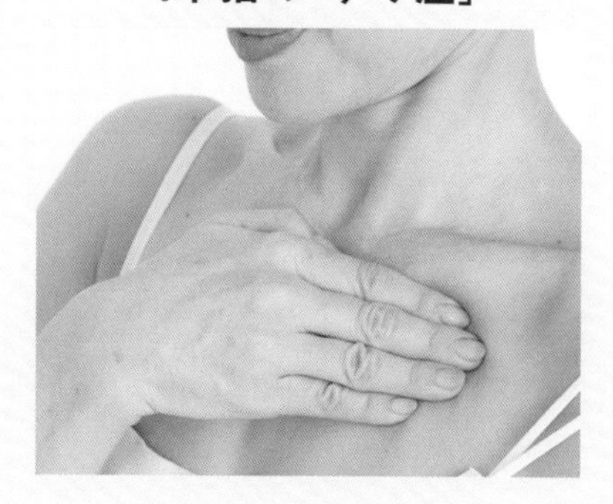

こぶしの「ずり圧」

ずり圧のPoint

ずり圧とは、皮膚の上から指で圧力をかけ、皮膚の奥にある筋膜にアプローチすることをいいます。指と皮膚を密着させたままグッと押し、一緒に押しずらすようなイメージ。指の腹や側面など平面を使い、圧を加えながら深層部をずらすように小さく動かすことが大切です。

セルフケア前に押さえておきたい「**筋膜**」や「**ずり圧**」のこと

Q なぜずり圧で筋膜がほぐれるの？

A **圧力と熱を加えることで、筋膜の細胞に水分が戻ります**

筋膜には水分やヒアルロン酸などのうるおい成分が含まれていますが、筋肉の使いすぎや使わなさすぎ、加齢など、さまざまな原因によってうるおいを失い、かたくなります。

このう**るおいを戻すために効果的なのが「ずり圧」**です。**圧と熱を加えることで、筋膜に水分が戻り、筋膜の状態がよくなります**。道具ではなく指を使いましょう。

Q ずり圧の強さはどのくらい？

A **皮膚が赤くならない程度の「イタ気持ちよさ」が基準**

筋膜に圧力を加えることが目的ですから、弱すぎてはいけません。圧力をかけて、**骨を感じるくらいまで押します**。目安は**「イタ気持ちいい」**程度。

ただし、お肌が赤くなるようでは力の入れすぎです。お顔はデリケートなので、最初は様子を見ながら力を調整しましょう。

Q 筋膜が張ると顔の形まで変わるのはなぜ？

A 筋膜は骨とつながっているので、骨格のゆがみも改善します

頭蓋骨はヘルメットのような一枚板ではなく、15種類23個の骨（舌骨も含む）がパズルのように組み合わされてできています。骨の境目は「縫合」といって動かないものとされていますが、実際には毎日の習慣やストレスでわずかなズレやゆがみが生じているのです。

筋膜は骨膜を介して骨とつながっています。**筋膜をピンと張ることで、縫合のズレまで改善**されるのです。

Q レッスン後に顔色がよくなり、くすみがとれるのはなぜ？

A 筋膜が整うことで老廃物が流れていくのです

くすみの原因はさまざまですが、血行不良やリンパの流れの悪さも大きな原因です。筋膜がよれたりねじれたりしていると、そのよれているところに老廃物や脂肪がたまり、体液のめぐりが阻害されます。めぐりをよくするためには、筋膜をピンと張ることが大切です。**筋膜がピンと張ると表情筋の動きもよくなります**。また、**皮膚に栄養や酸素が運ばれる**ようになるので、肌本来のつやと輝きもとり戻せます。

カギは「胸鎖乳突筋」

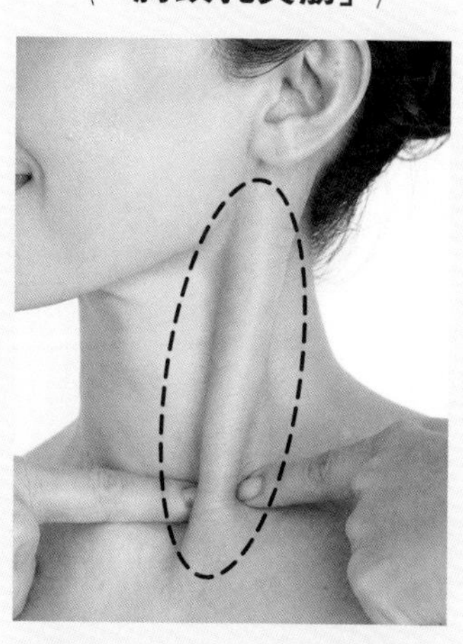

胸鎖乳突筋は、耳の後ろから鎖骨の内側の端に向かって伸びる筋肉。ここがかたくなると血液やリンパの流れを悪くし、顔に老廃物がたまる原因になるので、特にていねいなケアが必要です。

Rule 2

1日10分毎日続ける

筋膜をセルフケアすると、たった1回でもお顔がキュッと持ち上がります。
でも、残念ながら長くは続きません。地球の重力で引っぱられるし、
生活習慣のクセで、筋膜は再びよれ始めてしまいます。
だからこそ1日1回、10分でもいいのでセルフケアで筋膜を張り直してあげましょう。

\ 欠かせないのは /

PART 1

ベーシックセルフケア

p.37〜

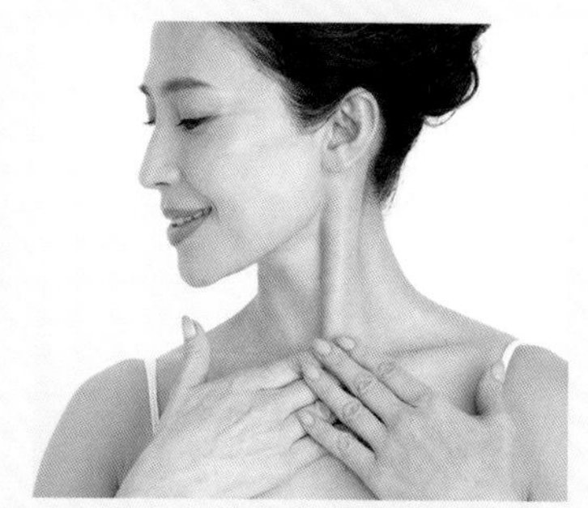

かたくなった筋膜をほぐして、めぐりをよくするための基本動作です。胸鎖乳突筋とデコルテのケアは毎日。そのほかのケアは２〜３日に１回のペースで行います。

毎日
- 胸鎖乳突筋
- ▼
- デコルテ
- ▼

2〜3日に1回
- 上顎骨〜頬骨のきわ
- ▼
- 頬
- ▼
- フェイスライン
- ▼
- 額
- ▼
- お顔全体を流す

合計6〜7分

\ 気になる悩み別に！ /

PART 2

プレミアムケア

p.55〜

プレミアムケアは、気になる部分を集中的に改善するためのもの。ベーシックセルフケアに加えて、気になるケアを追加していきましょう。

こんなお悩みありませんか？

- □ ほうれい線
- □ フェイスラインのたるみ
- □ 目の下のたるみ
- □ 目の下のくま
- □ マリオネットライン
- □ ゴルゴライン
- □ 顔の左右差
- □ 顔が大きくなった
- □ おでこのシワ
- □ 首のシワ、たるみ

気になる部分だけでもOK！

Rule 3

正しい姿勢を意識する

多くの生徒さんを見ていると、姿勢の改善が必要な方がたくさんいます。
「スマホ首」ともいわれるストレートネックは、
頭の位置が前に出てしまうのでお顔が大きく見えます。
しかも筋膜が引っぱられて、シワやお顔のたるみの原因にもなるのです。

「スマホ首」は
10歳あなたを老けさせる

頭部の重さは体重の10%といわれます。体重50kgの人であれば5kgですが、ストレートネックで首の傾きが大きくなると、かかる負担は2倍、3倍とどんどんふえていきます。すると顔と首から、常に約10〜20kgのおもりをぶら下げていることになるので、たるみを引き起こす一因に。

ふだんから正しい姿勢を意識しましょう。まずは**骨盤を立ててください**。股下から膣を引き上げながら、**下腹部を引き締めます**。次に息をフーッと吐き、**肋骨を閉じます**。そのまま胸を少し天井に向かって引き上げて、**首を後方に引き、あごも上がらないように引き下げます**。これが正しい姿勢です。セルフケアのときには特に、この姿勢を意識すれば筋膜もよりきれいにピンと張れていくはずです。

○ 正しい姿勢

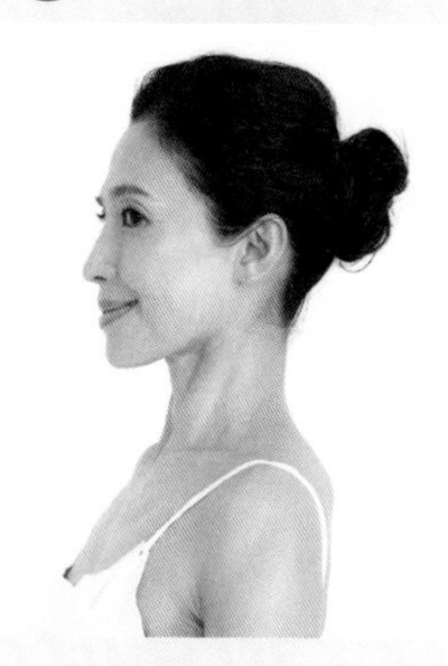

肋骨の真上に頭をのせるイメージ。首を後方に引き、軽くあごを引いて肩を下げると首が長く見える。

× 悪い姿勢

巻き肩&ストレートネックは、肩こりだけでなく、輪郭のたるみや首のシワの原因にも。

What's Private Lesson?

実際のプライベートレッスンは どんなふうに進む？

オンラインでの個人レッスンは、全3回。約1カ月おきで、復習をしながら正しい技術を身につけていきます。ボリュームがあり、コツが必要なケアもあるので、この本では写真や動画を見れば正確に実践しやすく、効果が出やすいケアを厳選しています。

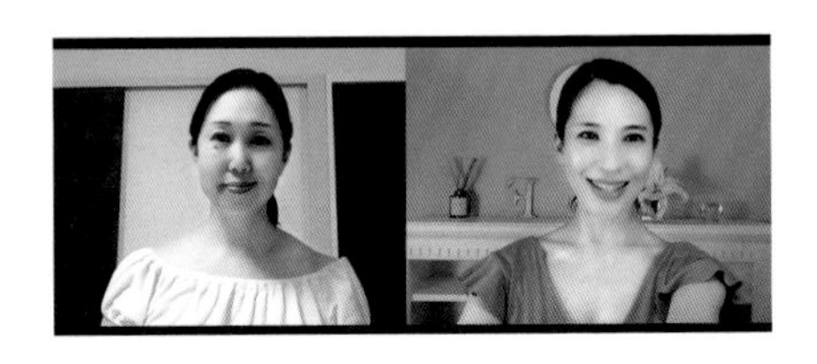

DAY 1　筋膜をほぐすベーシックセルフケア

まずカウンセリングで、解消したい悩みを明確に。そして、胸から顔にかけてかたくなっている筋膜をほぐしていくベーシックケアを開始。この本のPART 1に近い内容です。筋膜をほぐして、DAY 2以降の美容矯正の技術をとり入れたケアの効果をさらに高めます。

（必要な方には、オンラインサロンにて姿勢も改善していただきます。＊希望者のみ）

1カ月後

DAY 2　美容矯正の技術を詰め込んだプレミアムケア

これまでの1カ月間をふり返ってのカウンセリングで、改善した点やさらに改善したい点を確認。さまざまな方向からのアプローチで、よれてしまった筋膜をピンと張っていき、ゆがんでしまった骨格の位置も本来の状態に戻します。

1カ月後

DAY 3　復習＆スペシャルケア

これまでの2カ月をふり返ってのカウンセリングから始め、「DAY 2」のケアをしっかり復習。目元ケアなどの部分的にさらに効果を上げる「スペシャルケア」も、お伝えします。この本のPART2に近い内容です。　※レッスンの様子を撮影した動画は、DAY３終了１カ月後まで視聴できます。

「自分の写真を撮る」ことで効果アップ！

レッスン前後には、必ず写真を撮るよう（正面と横向き）お願いしています。今の自分自身を知ると改善したい点が明確になり、成果も上がりやすくなるからです。自分の顔は毎日見ているので変化に気づきにくいものですが、写真に撮るとレッスンの前と後や、Day 1→Day2→Day3と進めていく中で変化がわかり、実感しやすいもの。この成功体験で自信がつき、ますますセルフケアをがんばりたくなる、いい循環が生まれます！

※レッスン内容は2022年12月時点のもので、変わることがあります。
最新情報は公式サイトをご確認ください。
https://www.yumikobikokkaku.com/

PART

1

Face warm-up
BASIC SELF-CARE

お顔のウォーミングアップ

ベーシック
セルフケア

BASIC

まずは、ウォーミングアップ。
加齢や表情のくせなどでかたまってしまった筋膜をゆるめ、
滞っている余分な老廃物を流しましょう。
筋膜がかたいままだと、パーツ別ケアの効果も出にくいもの。
しっかり畑を耕してから、種まきするのと同じです。
繰り返して、習慣にできるといいですね。

確実に顔が変わる！カギになるのは「胸鎖乳突筋（きょうさにゅうとつきん）」です

耳の後ろから鎖骨につながる「胸鎖乳突筋」を意識していますか？

横を向くとくっきり浮き出るはずですが、姿勢の悪さやスマホ・パソコンの使用が原因で筋肉の可動域が小さくなり、かたく縮こまっている人が多いもの。

すると、フェイスラインのくずれや顔のたるみ・シワにつながります。そばを通る静脈やリンパの流れが悪くなり、むくみの原因にも。胸鎖乳突筋をほぐしてゆるめ、適切な筋肉の長さを出すことが、顔の悩みを解消する基本になるのです。

とっても大事なんですが、
どこにあるか
わかりますか？

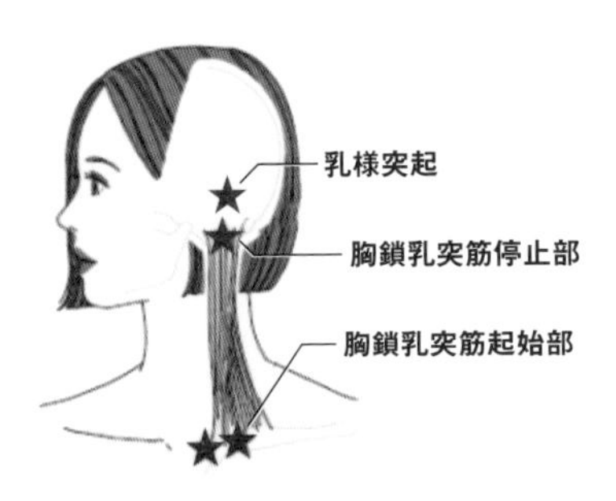

乳様突起の下の部分は「停止部」。鎖骨のあたりは「起始部」と呼びます。

先生、私の胸鎖乳突筋、どこにあるのかわかりません！

A

胸鎖乳突筋は、
耳の後ろにある骨の下から
鎖骨の間にある筋肉です。
反対側の横を向くと、
盛り上がってきます。

でも皆さん、最初は
埋もれていたり、
めちゃめちゃ
細かったり、
かたかったり……。
つまんで痛かったり。

ゴリゴリするのは、
筋膜も固まっている証拠。
セルフケアを続けて
ほぐすうちに、
しなやかになってきますよ。

まず、何から始めたらいいですか？

A

耳の後ろに、
ポッコリしたお山の
ようなものがあります。
このポコッと出ている骨の
下のほうにある突起が「乳様突起」。
そのすぐ下にある
「胸鎖乳突筋の停止部」を
親指と人さし指でつかんで、
少し強めにもみほぐしましょう。

い、痛い！ 先生は痛くないんですか？

A

私はかれこれ8年も
やっているので、全く！
でも、「痛みは伸びしろ」
なんですよ。1回でゆるめようと
思わなくていいです。
コツコツ続けてくださいね。

痛いけど気持ちいいです！

A

そう、「イタ気持ちいい程度」にね。
胸鎖乳突筋をほぐすだけでも、
即、顔が引き上がりますよ。

上がった！ やった側だけ上がってます！

A

でしょう？
まずはここから、筋膜の状態を
よくしていってください。

＼詳しくは次のページから／

胸鎖乳突筋をほぐす

きょうさにゅうとつきん

オイル使用

横を向く

ケアをするほうの反対側を向きます。右側をほぐす場合は、左を向きます。

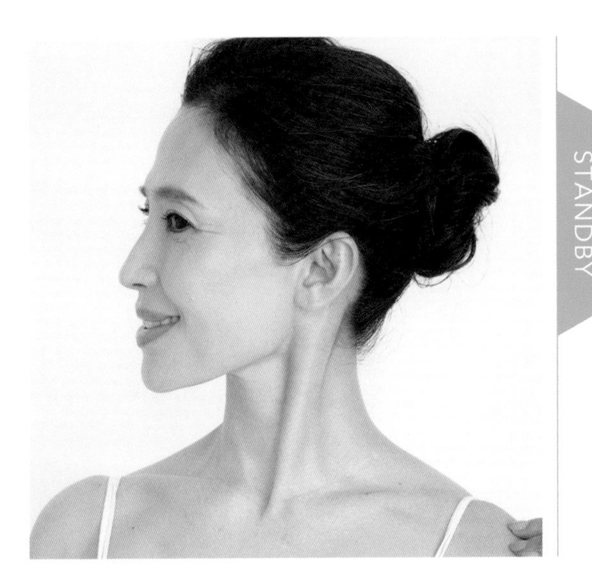

ずり圧をかける場所

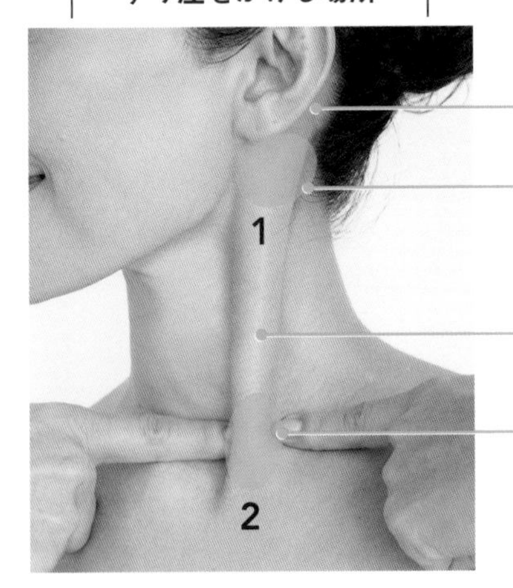

乳様突起

停止部
乳様突起の骨の下のきわ

胸鎖乳突筋

起始部
鎖骨の内側と
胸骨頭の端についている

力の入れぐあいは「イタ気持ちいい」程度。少しずつゆるめていきましょう

STEP_1

耳の後ろをもみほぐす

横を向き、耳の後ろにある突起（乳様突起）の骨の下のきわ（胸鎖乳突筋の停止部）を、親指と人さし指でつまみます。10回、やや強めにもみほぐします。

STEP_2

指を重ねてずり圧をかける

胸鎖乳突筋の起始部に左手の人さし指を当て、ほかの３本の指も左右の鎖骨の間の下にある骨に並べるようにぴったりと当てます。もう片方の手も重ねて、すくい上げるように、円を描きながらずり圧を10回かけていきます。

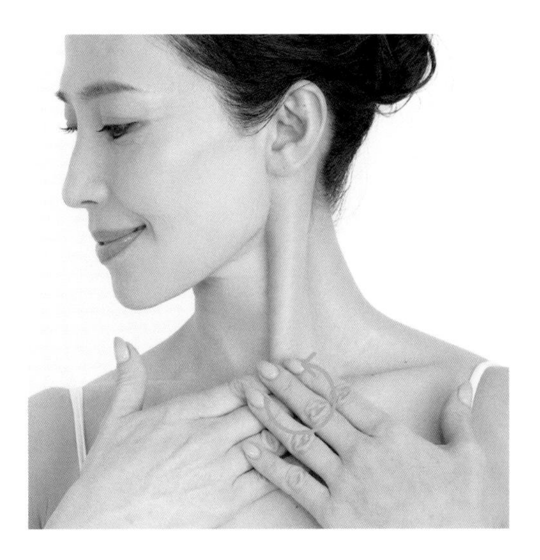

反対側も同じようにおこないます♪

デコルテをほぐす

オイル使用

こぶしを鎖骨におく

片手で握りこぶしをつくり、デコルテにおきます。

ココを使います！

第一関節と第二関節の間の平らな部分、拇指球（ぼしきゅう）、手根（しゅこん）を当てて、圧をかけます。

ずり圧をかける場所

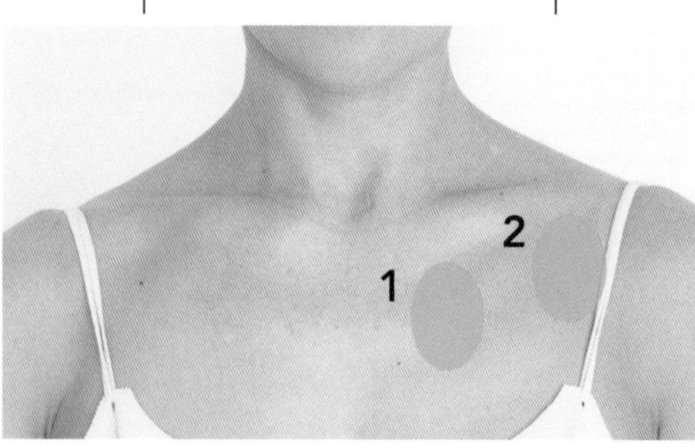

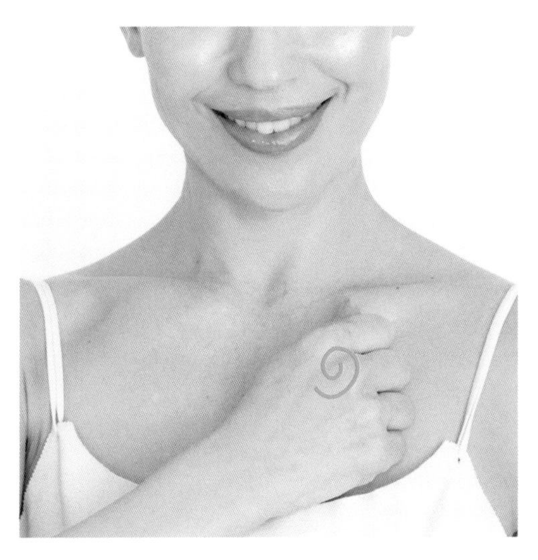

STEP_ 1

ずり圧をかける

圧をかけて押しずらすように円を描き、ずり圧を10回かけます。

STEP_ 2

外側に移動して ずり圧をかける

そのまま外側に位置をずらし、同様に円を描くように、ずり圧を10回かけます。

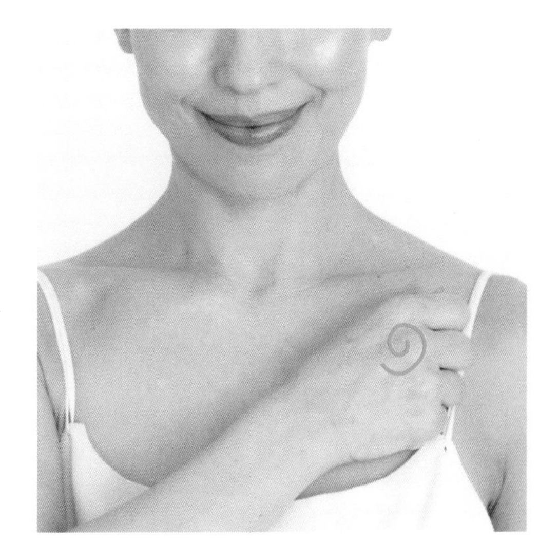

反対側も
同じように
おこないます♪

Face warming up

03

上顎骨(じょうがくこつ)〜頬骨(きょうこつ)のきわをほぐす

オイル使用

上顎骨のきわに人さし指を当てる

両手の人さし指を、小鼻のわきに指先が当たるようにおきます。

STANDBY

ココを使います!

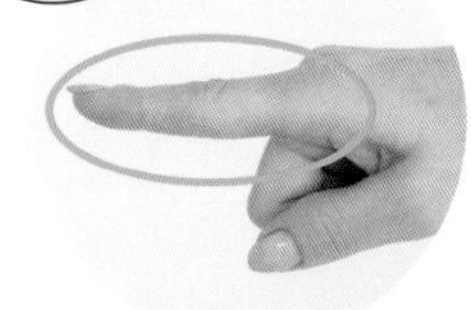

人さし指の側面、
親指側を顔に当てます。

ずり圧をかける場所

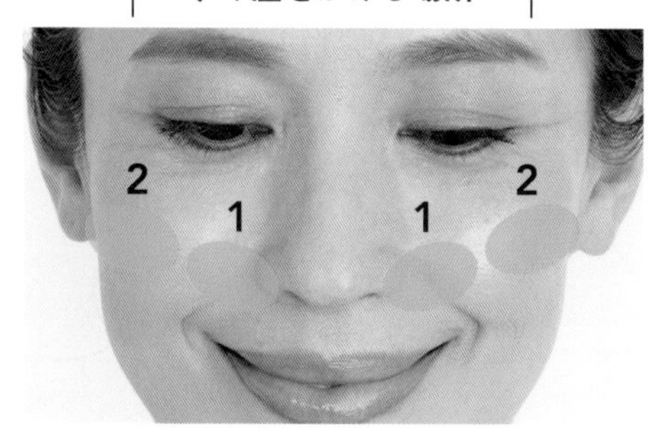

CHECK

「上顎骨〜頬骨のきわ」っていったいどこですか!?

上顎骨の頬骨突起から、頬骨のきわにかけてです。さわるとわかります。

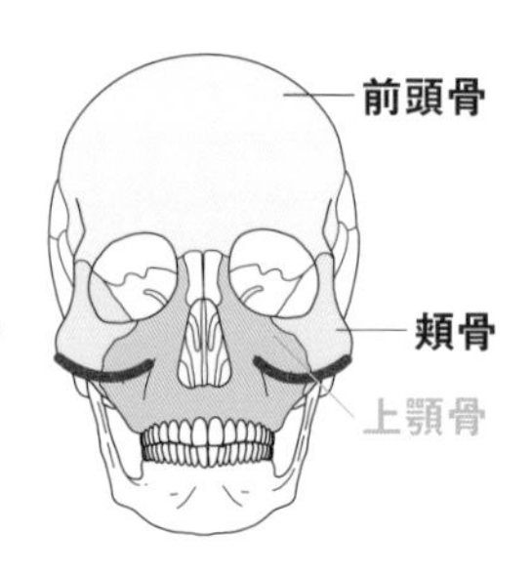

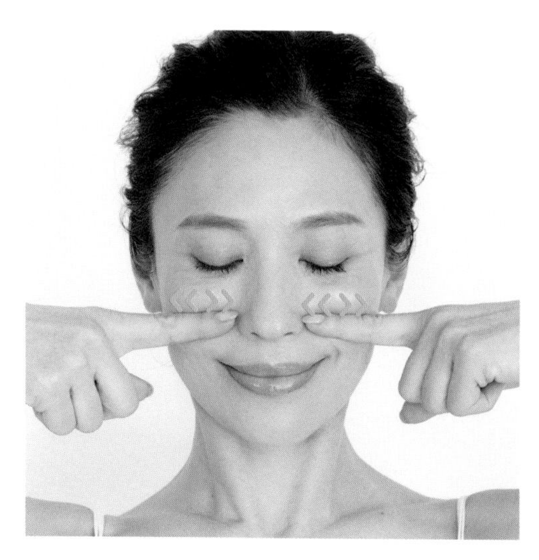

STEP_ 1

ずり圧をかける

上顎骨のきわに人さし指全体を当てて、ずり圧を5回かけます。

STEP_ 2

外側に移動してずり圧をかける

さらに人さし指を両端の頬骨のほうにずらし、頬骨のきわに5回、ずり圧をかけます。

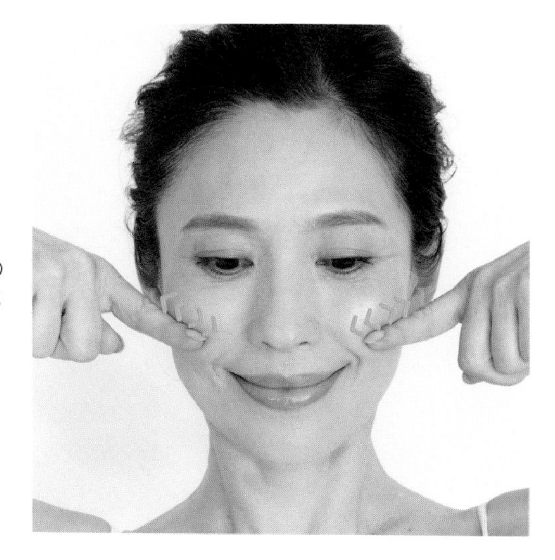

Face
warming up

04

頬(ほお)全体をほぐす

オイル使用

小鼻のわきに こぶしをおく

両手の握りこぶしを、小鼻のわきに小指が当たるようにおきます。

ずり圧をかける場所

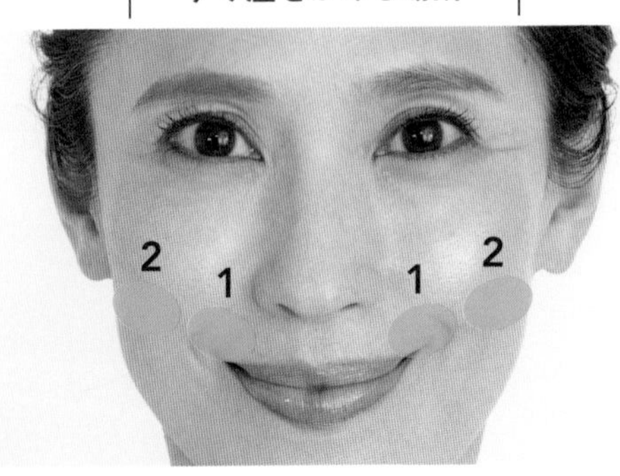

ココを
使います!

第一関節と第二関節の間の
平らな部分で、圧をかけます。

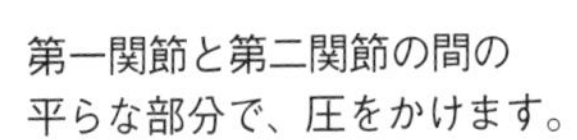

STEP_ 1

ずり圧をかける

頭を少し前に傾けて、小さく左右に押しずらすように、ずり圧を5回かけます。

STEP_ 2

外側に移動してずり圧をかける

こぶしを両端の頬骨のきわに動かし、同じようにずり圧を5回かけます。

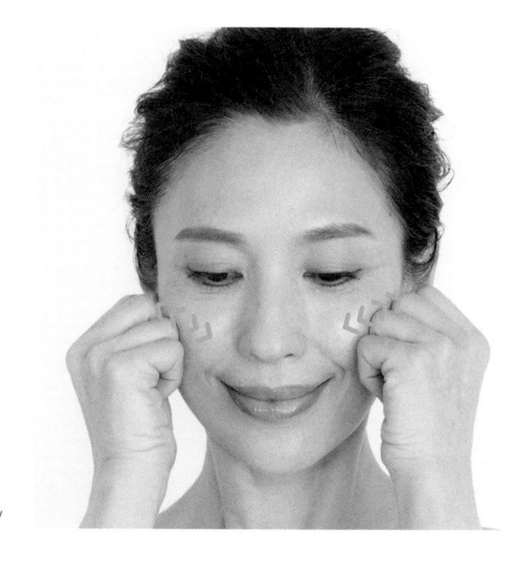

皮膚だけを
こすらないように
気をつけてくださいね

あごの骨をつかむ

両手の親指と人さし指で、あごの中央にある骨をつかみます。

STANDBY

ずり圧をかける場所

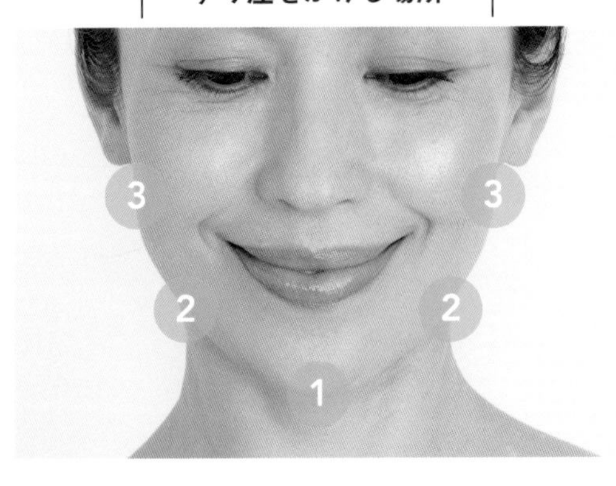

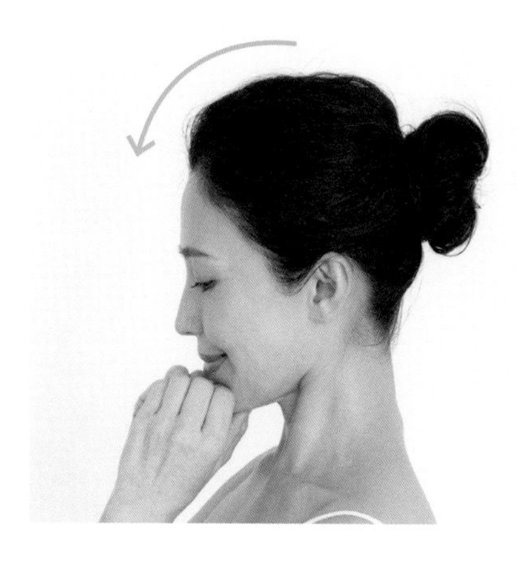

STEP_ 1

頭を傾けて
圧を加える

頭を前に傾けて、
圧を3回かけます。

STEP_ 2

位置をずらして
圧をかける

下あごの中ほどまで左右に指をずらして、同様に頭を前に傾けて、圧を3回かけます。

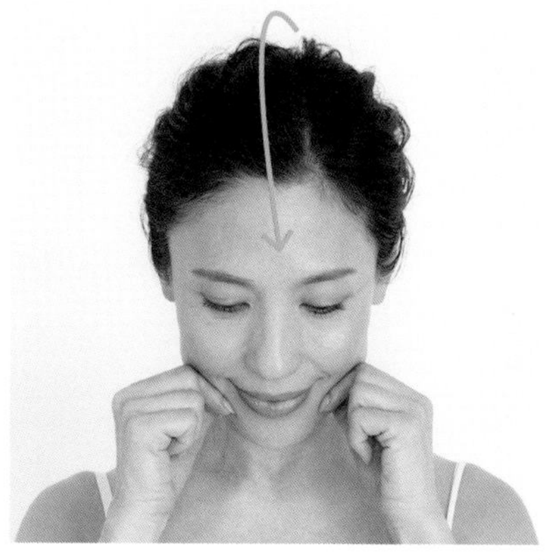

痛いところがあれば、
重点的におこなってください

STEP_ 3

さらに位置をずらして
圧をかける

両方の指を耳の前まで移動し、
圧を3回かけます。

額(ひたい)をほぐす

オイル使用

こぶしを額に当てる

両手で握りこぶしをつくり、額に当てるようにおきます。

STANDBY

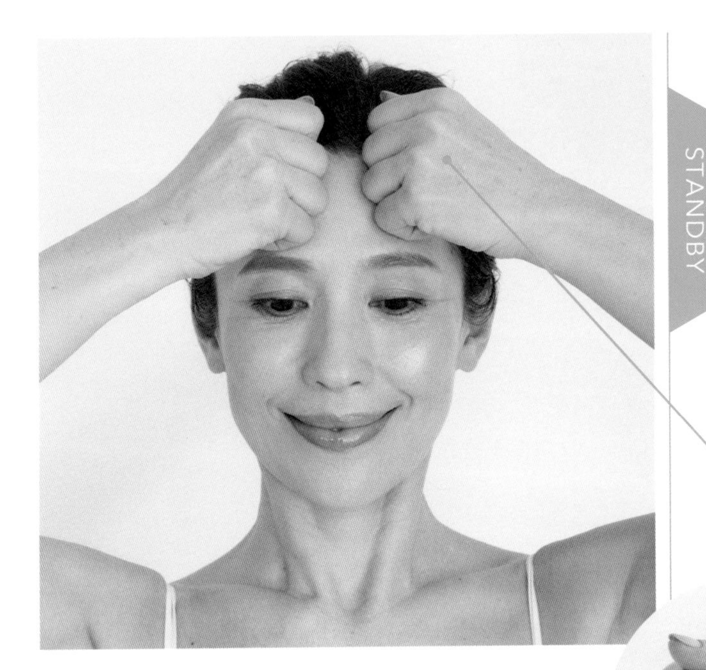

ココを使います！

第一関節と第二関節の間の平らな部分で、圧をかけます。

ずり圧をかける場所

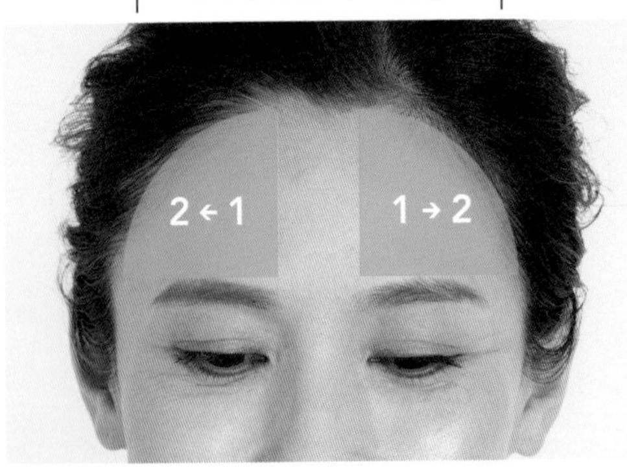

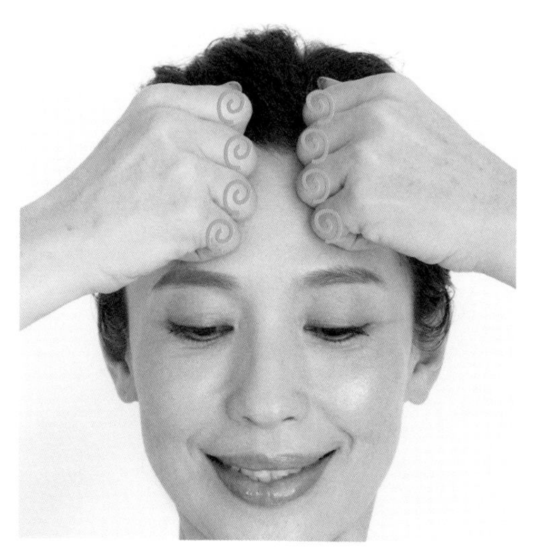

STEP_ 1

ずり圧をかける

親指以外の４指の第二関節で、外側に向かって左右対称に、小さな「の」の字を書くように、ずり圧を５回かけます。

STEP_ 2

外側に移動して ずり圧をかける

外側に移動して、同様にずり圧を５回かけます。額のカーブが始まる手前まで、何カ所かおこないます。

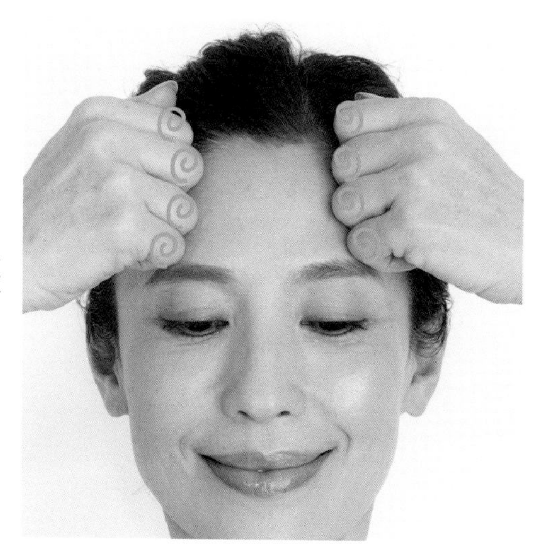

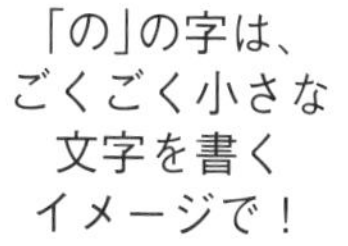

「の」の字は、
ごくごく小さな
文字を書く
イメージで！

お顔全体を流す

オイル使用

片手をあごにセット

４本の指をそろえて、親指をあごの下におきます。

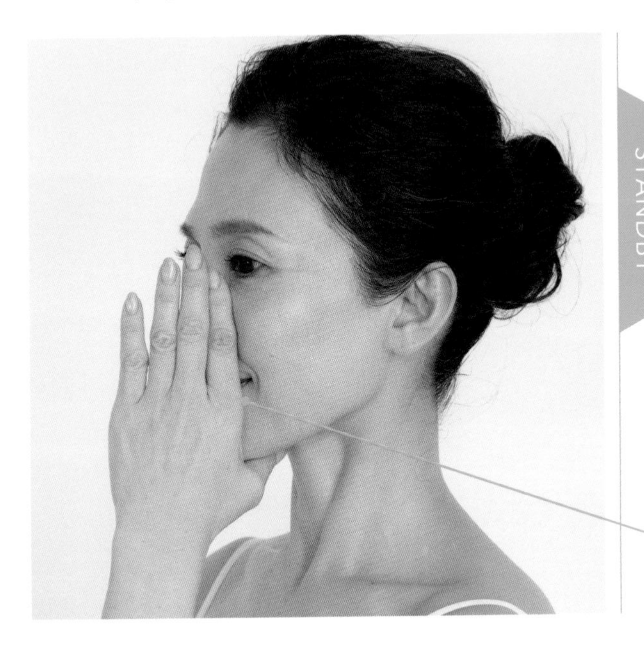

流す場所

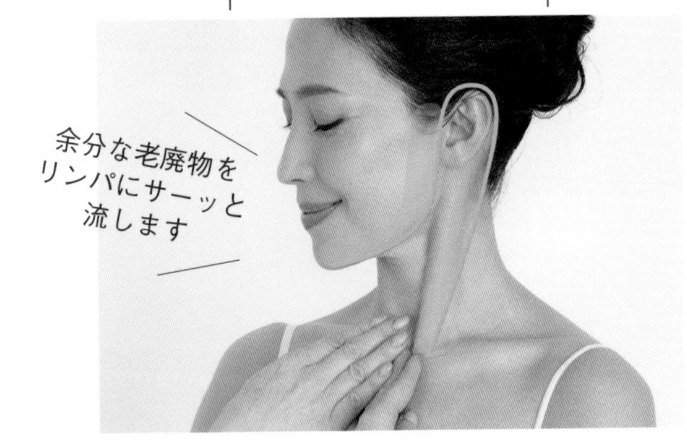

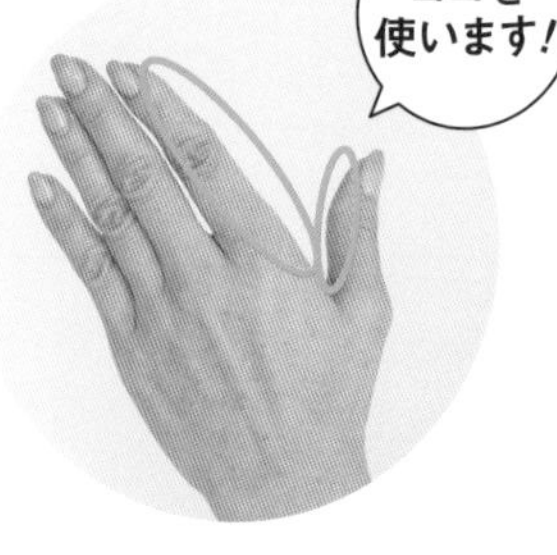

親指以外の４本の指をそろえて伸ばし、Ｌの字をつくります。

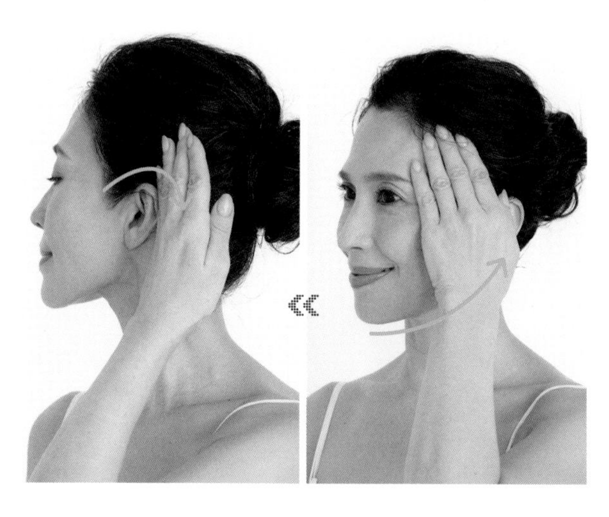

STEP_ 1

耳の後ろまで引き上げる

手全体を顔の輪郭に沿ってこめかみまで引き上げ、耳の後ろまで流します。

STEP_ 2

胸鎖乳突筋を下にさする

手を胸鎖乳突筋にしっかり密着させて、片手ずつ下に流すようなイメージで数回さすります。1～2を3回繰り返して、反対側も同様におこないましょう。

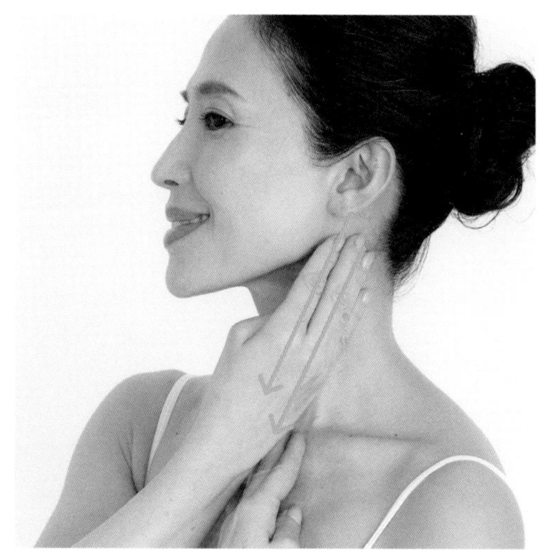

これでウォーミングアップは完了！
お顔周りが、
ポカポカしてきませんか？

Question

セルフケアは朝or夜、いつするのが効果的？

朝・昼・夜いつ実践してもOK！

どの時間帯でも効果はありますが、一番のおすすめは朝。顔がスッキリして、一日気分よく過ごせます。一方、夜に実践すると、頭や首・肩の緊張をゆるめる効果からか、ぐっすり眠れるという声をよく聞きます。忙しいかたは、お風呂で湯ぶねにつかりながらのケアもおすすめです。まとまった時間がとれないときは、一日の中で分散して実践してもかまいません。

＼ 生徒さんに聞きました ／

朝派

- 仕事がある日は朝６時ごろ、
  休みの日は朝８時ごろ、洗面所の鏡の前で。（ヒロコさん）
- 朝、リビングで。（ヒサコさん）
- 朝起きて、トイレをすませて一番にするのがセルフケア。
  バスルームで鏡を見ながらします。（ますみさん）

夜派

- 夜、お風呂に入っているときや、入る前後にします。（池田さん）
- 夜９時～ 11 時の間、浴室か寝室で。（MADOKA さん）
- 主に夜のお風呂上がり、洗面所でします。（N・S さん）

臨機応変派

- なるべく朝に実践していますが、
  無理なときは夜にしています。リビングかお風呂で。（S さん）

忙しくて時間がとれないときは？

- 仕事が忙しくて大変な時期は、セルフケアを分散。朝起きて、寝室の鏡の前で
  胸鎖乳突筋など首まわりのケア。メイク前に洗面所の鏡の前で、残りのケアをしました。（ヒロコさん）
- 時間確保に困りましたが、お風呂の時間を使うようになり、習慣化できました。（マリコさん）
- 忙しいときは、気になる部分やその日に特にケアしたい部分を抜粋して、短縮バージョンに。（mille さん）
- 胸鎖乳突筋、顔面、鎖骨周りはほぼ毎日、ほかは週１回くらいです。
  育児に追われているので、すき間時間にケア。全くできない日もありますが、
  すべてを一度にやろうとせずに、やりやすい部位 (私の場合は胸鎖乳突筋) をケアすることから始め、
  毎日どこかに触れるようにしました。（N・S さん）

PART

2

Improvement of facial parts
PREMIUM CARE

気になるパーツの悩みを改善

プレミアム
ケア

PREMIUM

「目が小さくなってきた」「顔が大きくなった」
「ほうれい線やマリオネットラインがくっきり」など、
年齢とともに顔の悩みはふえていきます。
これらもすべて、筋膜を張ることで解決できるのです。
パーツによってアプローチすべき筋膜は違いますから
写真や動画を見ながら正しくケアしてくださいね。

顔の悩み、どこから解決しますか？

筋膜をほぐしたら、いよいよ！　気になるパーツ別のお悩みを改善していきましょう。気になる箇所だけでもいいですし、すべてを実践してもＯＫです。毎日コツコツ続けると、悩みが軽くなり、本来の美しさが引き出されていきますよ！

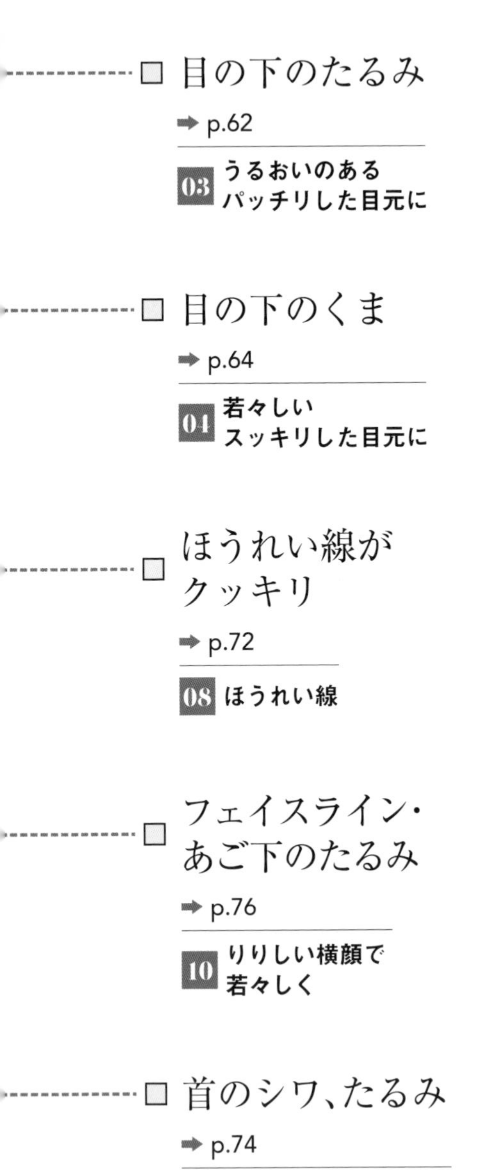

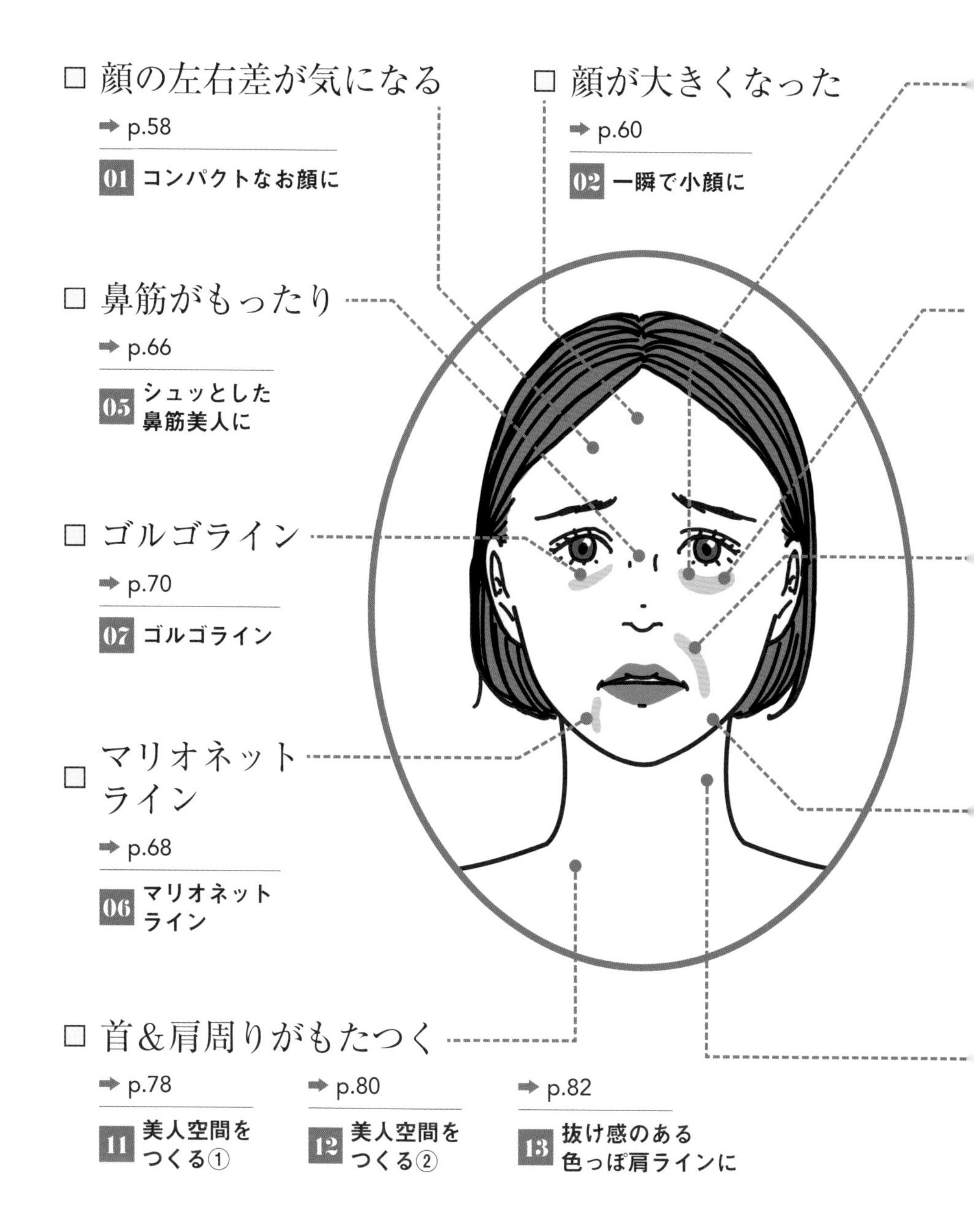

□ 顔の左右差が気になる
➡ p.58
01 コンパクトなお顔に
□ 顔が大きくなった
➡ p.60
02 一瞬で小顔に
□ 鼻筋がもったり
➡ p.66
05 シュッとした鼻筋美人に
□ ゴルゴライン
➡ p.70
07 ゴルゴライン
□ マリオネットライン
➡ p.68
06 マリオネットライン
□ 首&肩周りがもたつく
➡ p.78
11 美人空間をつくる①
➡ p.80
12 美人空間をつくる②
➡ p.82
13 抜け感のある色っぽ肩ラインに

Improvement of facial parts

01

コンパクトなお顔に
～左右差を改善する～

顔の左右差を改善するケアです。顔をホールドして口を動かすと、よれた筋膜とゆがんだ骨格が正しい位置に戻り、顎関節のゆがみが改善し、顔がコンパクトになります。

両手で顔の側面をホールド

両手のひらで、顔の側面を包み込むようにぴったりと当てて、ホールドします。

STANDBY

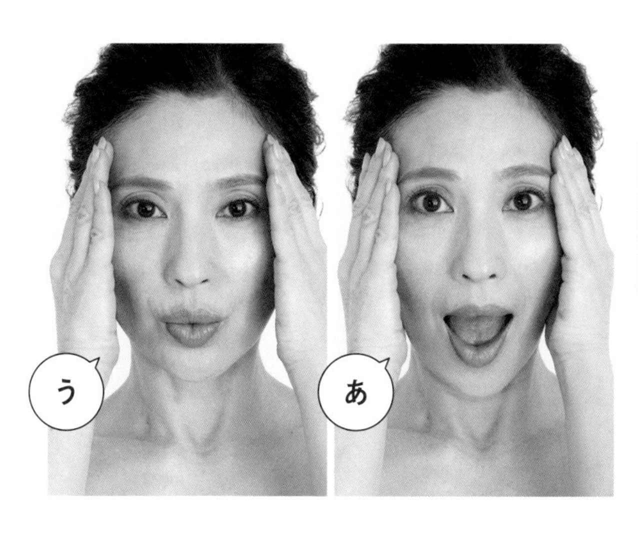

STEP_ 1

口を「あうあう」と動かす

口を大きくあけて、「あうあう」と5回言います。

STEP_ 2

口をあけて左右に動かす

口を1㎝あけて、左右に往復5回、下あごをスライドさせます。

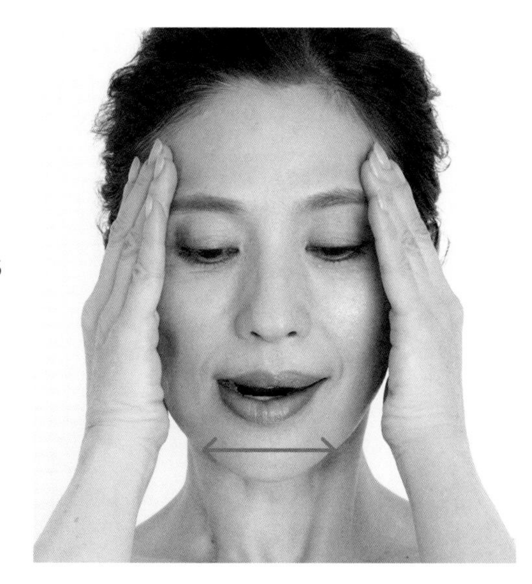

口をしっかり
開閉すれば声を
出さなくてもOK

Improvement of facial parts

02

一瞬で小顔に ～たるみ改善～

胸鎖乳突筋に両手を当てる

右をケアするときは、左側を向き、胸鎖乳突筋の中央あたりに
右手の指４本を当てます。反対側から左手の指４本を
当てて、上下にずらしてはさむようにします。

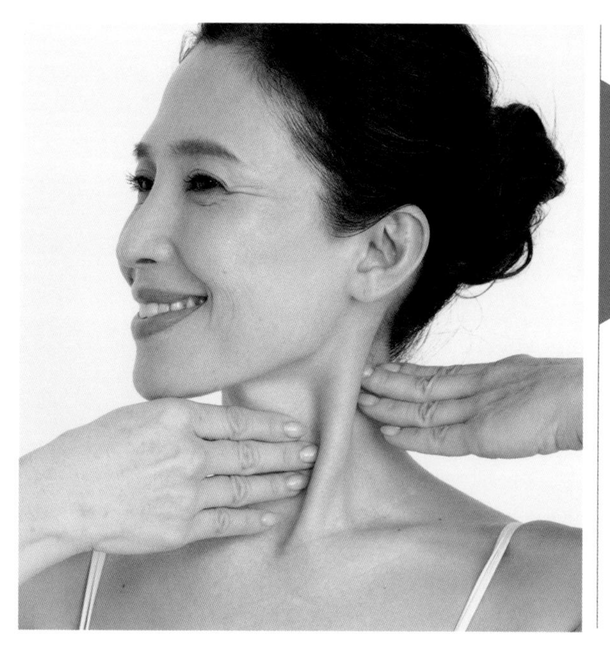

STANDBY

両手で、胸鎖乳突筋を「S」の字をつくるようにプッシュします。顔のたるみが改善し、シャープなフェイスラインになりますよ。

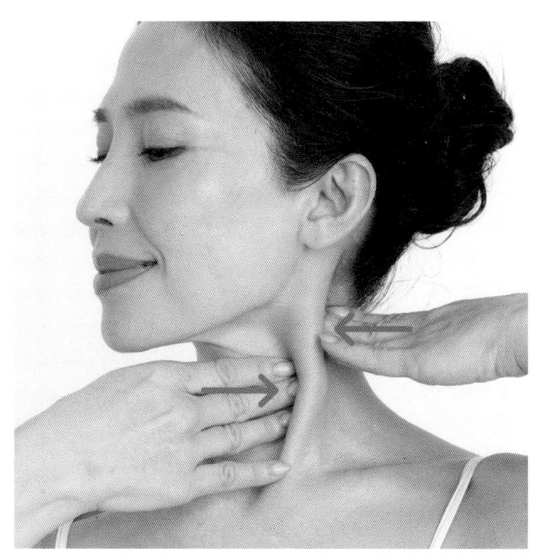

STEP_ 1

両手で胸鎖乳突筋をプッシュ

両手の指4本をそれぞれ平行に押すように、5回圧をかけます。

STEP_ 2

手の位置を入れかえて同じように圧をかける

右手と左手の位置を入れかえて、同じように5回、圧をかけます。

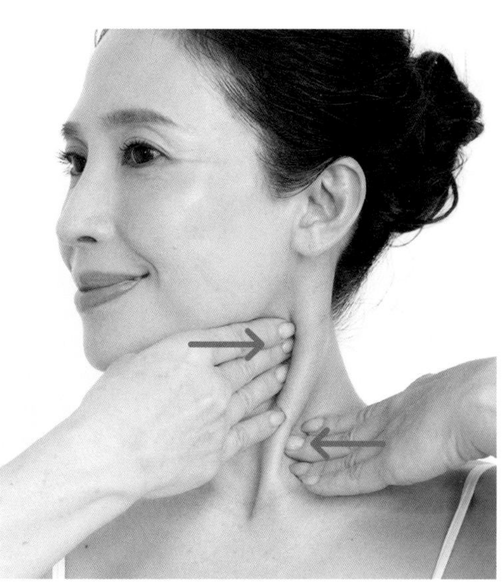

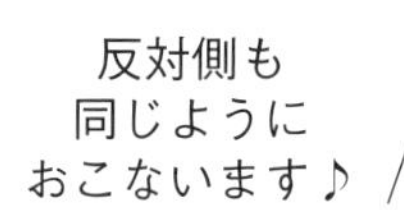

Improvement of facial parts

03

うるおいのあるパッチリした目元に

～目のたるみを解消＆目を大きく～

片側 約8秒

目の周りの筋膜を解放することで、気になるたるみやむくみを改善し、うるおいのあるパッチリとした目に導きます。

目の上下に指の腹をセット

左手の人さし指、中指、薬指の第一関節までの指の腹を眉毛の上に当てます。
右手の人さし指、中指、薬指の第一関節までの指の腹を、目の下の骨のきわより少し下にぴったりと当てます。

STANDBY

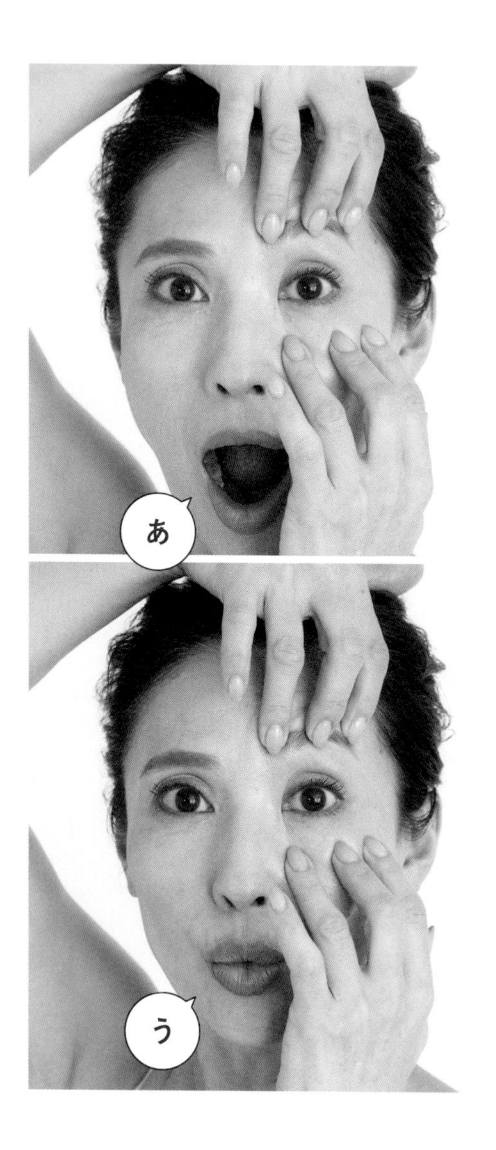

STEP_ 1

上下に押し広げて「あうあう」

指の腹で少し圧を加えて、上下に押し広げるようにし、口を大きくあけて「あうあう」と3回言います。

＼反対側も同じようにおこないます♪／

Improvement of facial parts

04

若々しいスッキリした目元に

〜くま改善〜

老廃物が滞っていると、くまの原因になります。目の下の老廃物をサーッと流して、健康的な目元を手に入れましょう。

目の下に指をおく

右手の親指と人さし指を
目頭の下におきます。

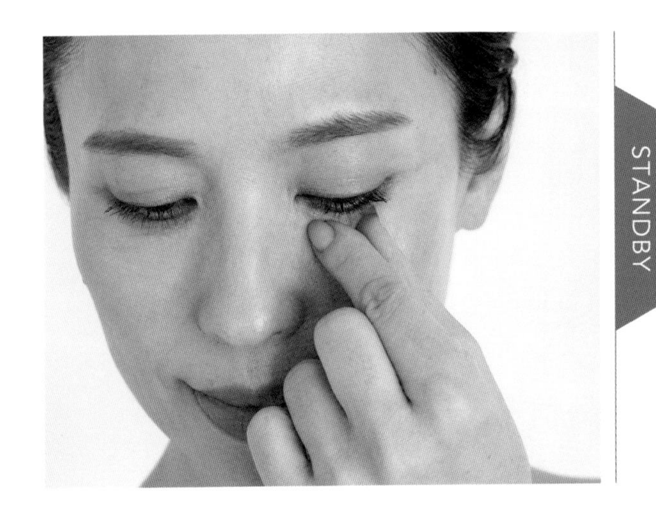

STANDBY

動かす場所

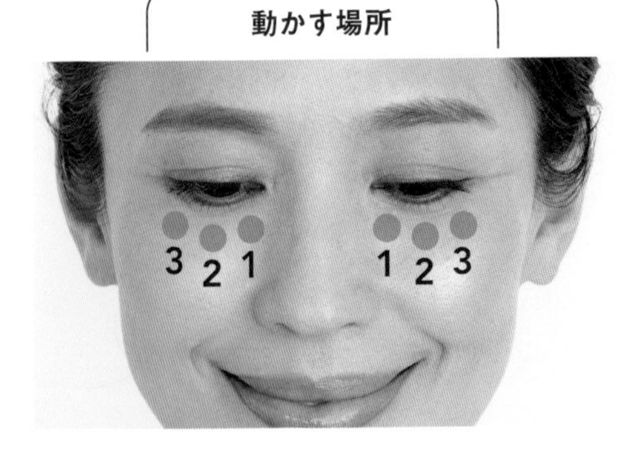

STEP_ 1

目の下をつまんで上下左右に

目頭の下の皮膚を指で軽くつまみ、鼻から息を吸いながら、縦横に小さく十文字を書くように３～５回動かします。

ティッシュをやさしく
つまみ上げるような
イメージです

STEP_ 2

指を少しずつずらして動かす

目の下の内側から、まん中、外側と、合計３カ所を指でつまんで動かします。

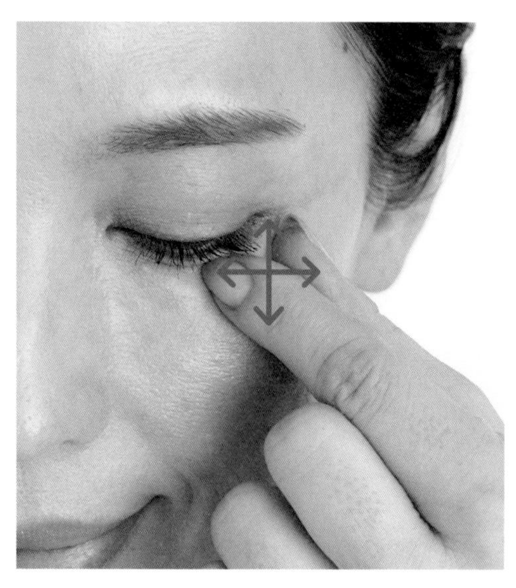

目の周りの皮膚は
デリケートなので、
やさしくていねいに

反対側も
同じように
おこないます♪

Improvement
of facial parts

05

シュッとした鼻筋美人に

～鼻筋を整える～

約10秒

額の両端をつかむ

左手で額の両端をつかみます。
親指と４本の指でそれぞれ眉じりの上（前頭骨 p.44）を
押さえるイメージです。

STANDBY

鼻筋はふだん、意識することはあまりないかもしれませんが、鼻筋が整うと本来の顔立ちがよりくっきりときわ立ちます。

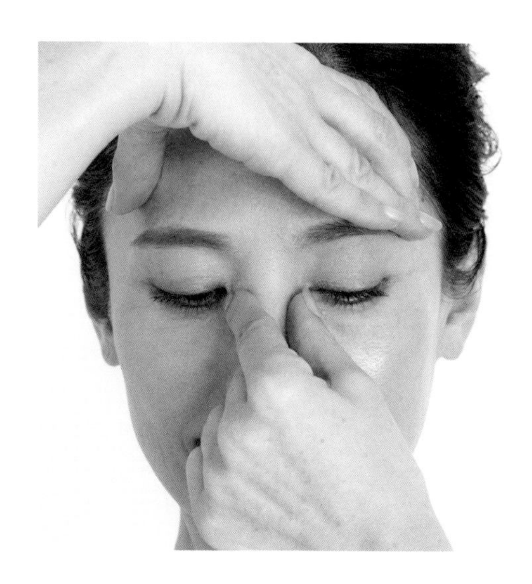

STEP_ 1

鼻のつけ根をつかむ

右手の親指と人さし指で、鼻のつけ根の骨をつかみます。

STEP_ 2

両手を左右に動かす

両手を互い違いに、左右平行に10回動かします。

Improvement of facial parts

06

マリオネットライン
〜マリオネットラインの改善〜

片側約10秒

マリオネットラインとは、その名の通り、操り人形の口元のような、くちびるのわきからあごに向けて伸びるラインです。ほうれい線より少し下にできますが、広頸筋（こうけいきん）の筋膜を張ると、口角を下方に引く働きがある筋肉が解放されて口角がキュッと上がり、改善していきます。

両手を鎖骨と頬骨にセット

顔はまっすぐ前を向き、右手の4本の指の腹をぴったりと、鎖骨の表層の皮膚に密着させ、下に下げるようにします。左手の4本の指の腹は、右の頬骨の皮膚を上に持ち上げるようにします。

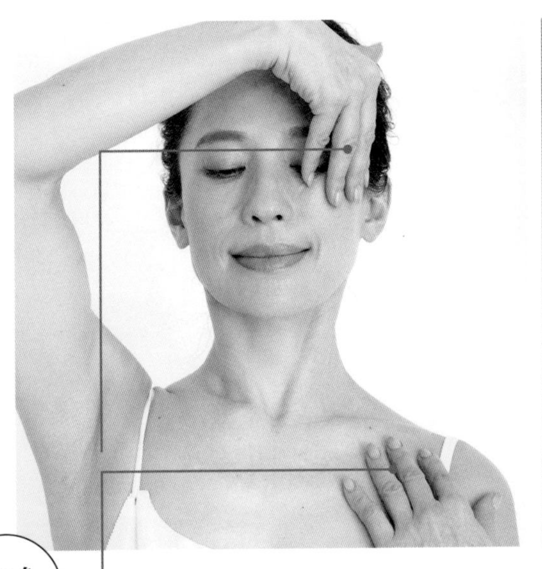

ココを使います！

親指以外の4本の指の腹を、第一関節までぴったりと、皮膚に密着させます。

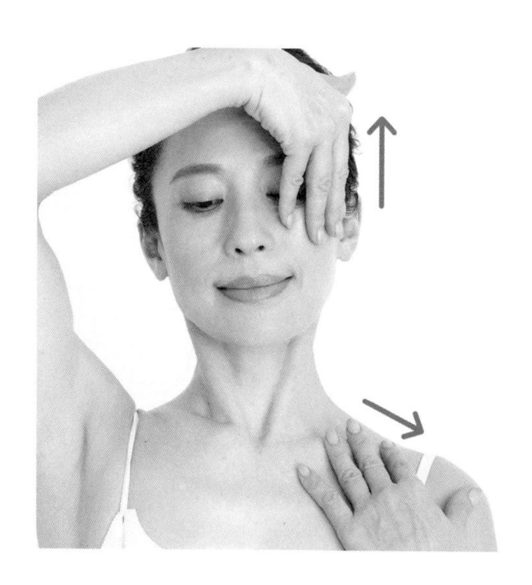

STEP_ 1

指で押さえながら上下に引っぱる

頬骨においた左手は上に引き上げるように、鎖骨においた右手は下に引っぱるようにして押さえます。

STEP_ 2

頭を横に傾ける

そのまま、頭を横に45度傾けて、10秒キープします。

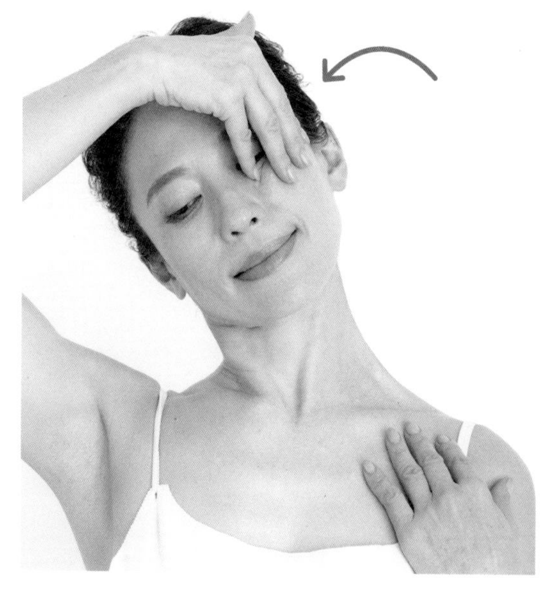

反対側も
同じように
おこないます♪

Improvement
of facial parts

07

ゴルゴライン
～ゴルゴラインの改善～

片側
約8秒

鼻のわきと頬骨のきわに指をおく

右手の４本の指の腹を鼻のわきに、
左手の４本の指の腹を頬骨のきわにおきます。

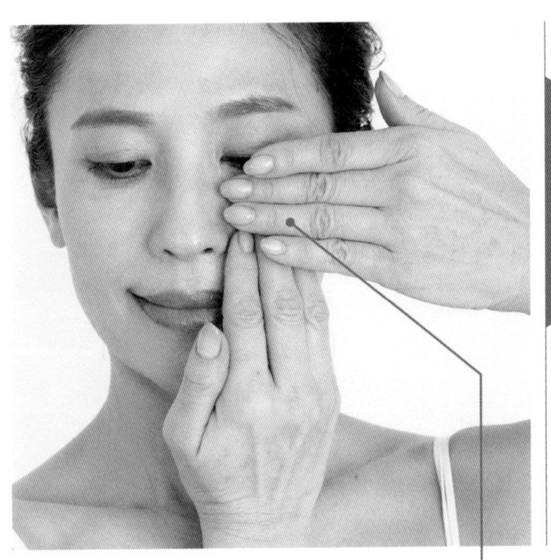

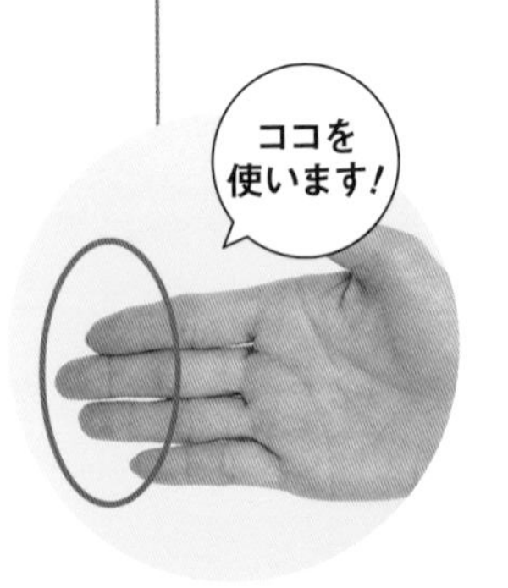

親指以外の４本の指の腹を、第一関節までぴったりと、皮膚に密着させます。

目頭の下から頬にかけて
斜めに伸びる溝（みぞ）
「ゴルゴライン」。
よれた筋膜を伸ばして、
明るくつやめく頬にしましょう。
顔全体の中でも
目立つ位置にあるので、
見た目の印象がパッと変わります。

STEP_ 1

外側と下方に指で押さえながら引っぱる

息を吸いながら、右手は鼻のわきから外側に、左手は頬骨のきわから下方に皮膚を引っぱって、息を吐くときに元に戻します。3回繰り返します。

皮膚を引っぱる場所

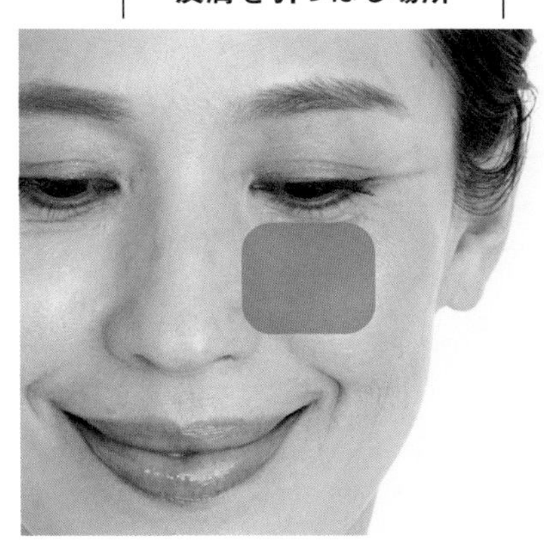

反対側も
同じように
おこないます♪

Improvement of facial parts

08

ほうれい線
〜ほうれい線の改善〜

片側
約8秒

鼻のわきを指で押さえる

右側の鼻のわきを、
左手の3本の指（中指、薬指、小指）で押さえます。

長いマスク生活で、いつの間にかほうれい線が深くなったというかたも多いようです。指ですくい上げて筋膜をピンと張り、年齢サインをオフします。

STEP_ 1

人さし指をほうれい線におく

右の人さし指の指先を、ほうれい線の起点におきます。

STEP_ 2

ほうれい線をすくい上げる

息を吸うときに、ほうれい線をなぞるようにすくい上げ、息を吐くときに元に戻します。3回、繰り返します。

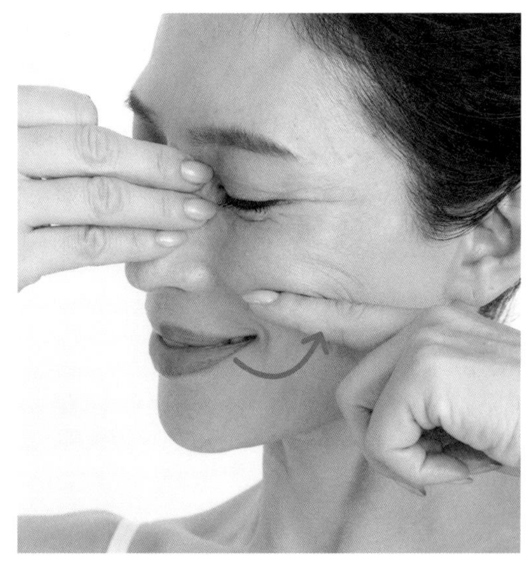

＼ 反対側も同じようにおこないます♪ ／

Improvement
of facial parts

09

ネックラインを美しく
～ハリのある若々しい首に～

両手を鎖骨におく

骨盤を立てるようにして、姿勢を正します。
両手を重ねて鎖骨のまん中におきます。

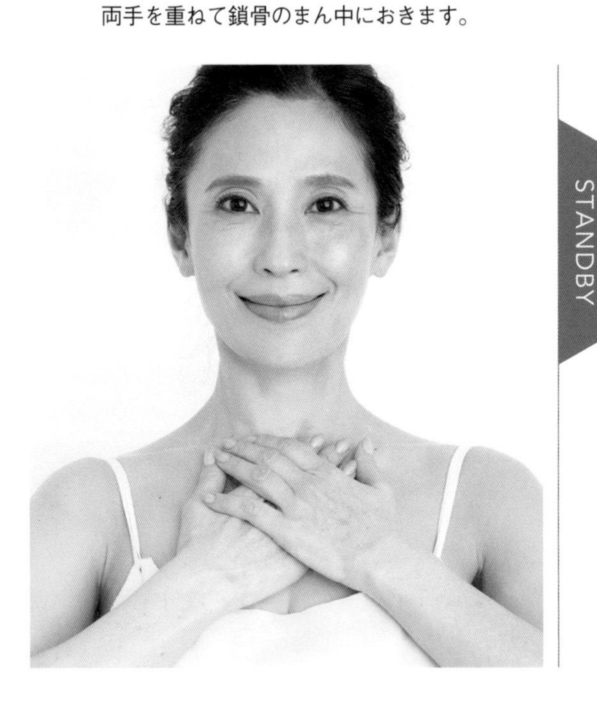

STANDBY

手で押さえている
鎖骨周りの皮膚と
あご先を引っぱり合って、
広頸筋の筋膜をピーンと
張ることで、
シワになりがちな
首にハリをもたせます。
肋骨を締め、
肩の力を抜くのが
ポイントです。

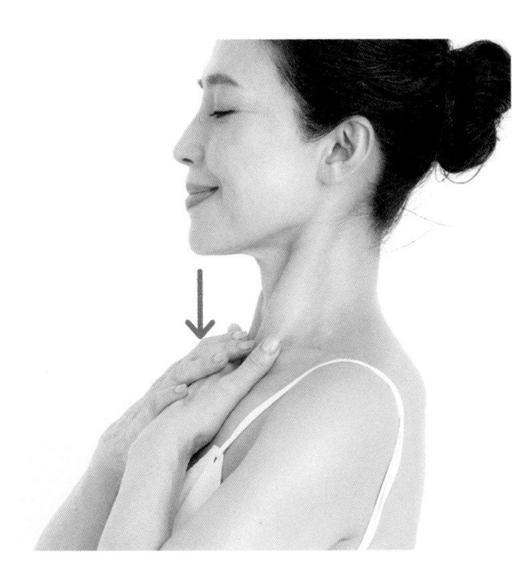

STEP_ 1

手で鎖骨周りの皮膚を押し下げる

両手で圧をかけながら、皮膚を押し下げます。舌は上あごにぴったりつけ、口を閉じて、何かを飲み込むようにします。

STEP_ 2

あごを突き出して10秒キープ

あごを、やや上に突き出すようにしながら、押さえている両手と引っぱり合うようにして、10秒キープします。

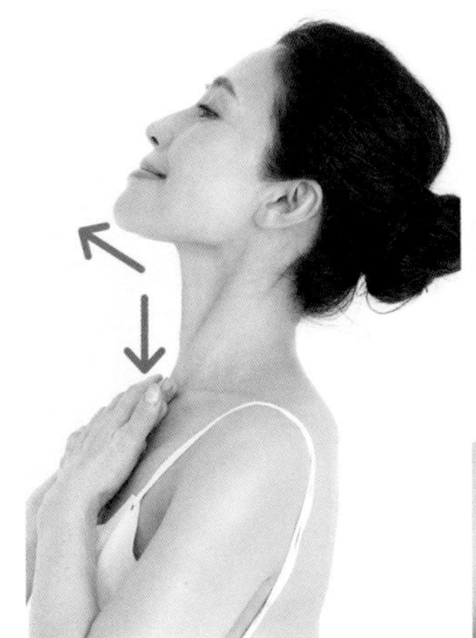

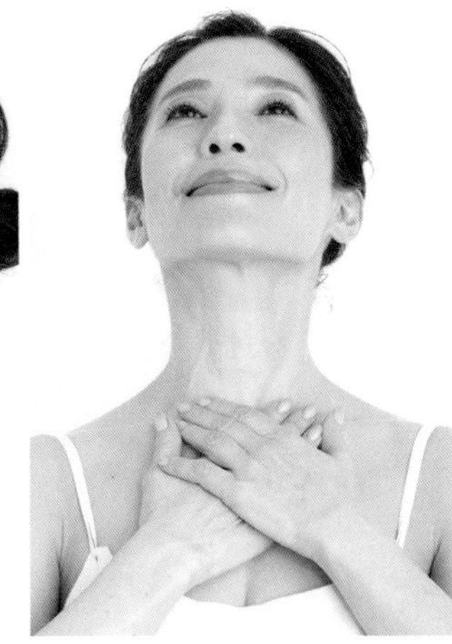

＼ 腰がそらないように気をつけて！ ／

Improvement of facial parts

10

りりしい横顔で若々しく

～フェイスラインをシャープに&あご下スッキリ～

オイル使用

あご下の筋膜をピンと張ると、
あご下がスッキリして、
フェイスラインが
クッキリ「V」の字になりますよ。
もう二重あごには戻りません！

横を向き、親指であご下を引っぱる

姿勢を正し、舌は上あごにぴったりつけ、口を閉じて、
何かを飲み込むようにします。右をケアするときは左側を向き、
左手の親指で、あご下をひっかけるようにして前方に引っぱります。

STANDBY

すべらせる場所

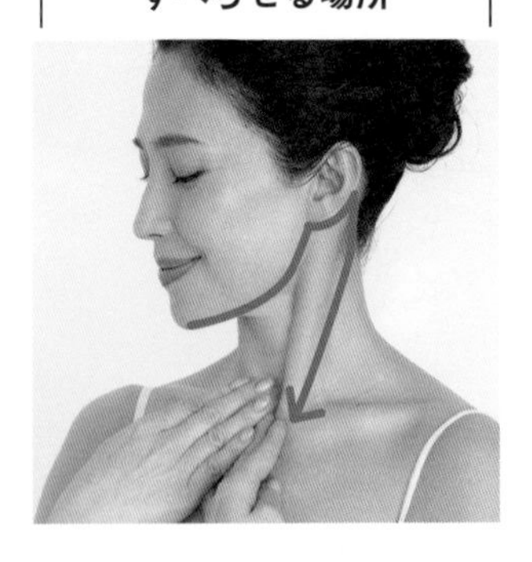

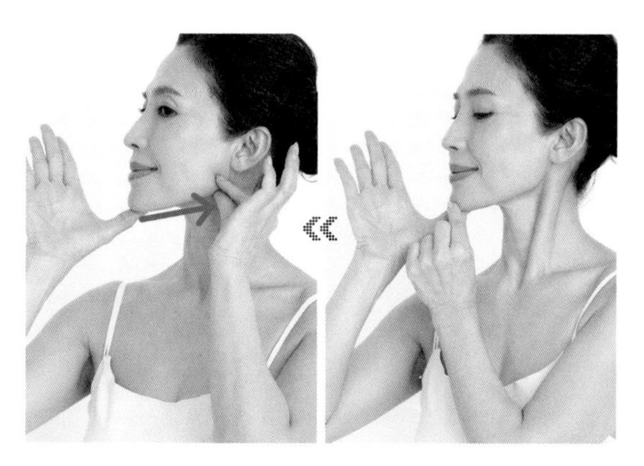

STEP_ 1

あご先をつまみ、上にすべらせる

右手の親指と人さし指であご先をつまみ、あご先から胸鎖乳突筋の停止部（p.38）まで、もう一方の親指と引っぱり合うようにしてすべらせていきます。

STEP_ 2

胸鎖乳突筋に沿って指をすべらせる

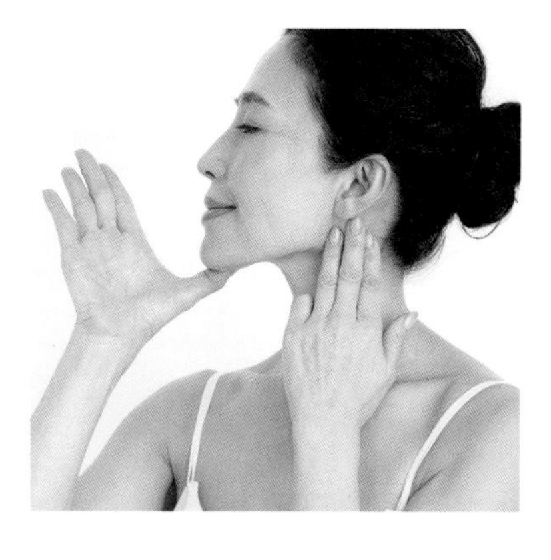

胸鎖乳突筋の停止部まで到達したら、人さし指、中指、薬指にすばやくかえて、胸鎖乳突筋に沿っておろしていきます。

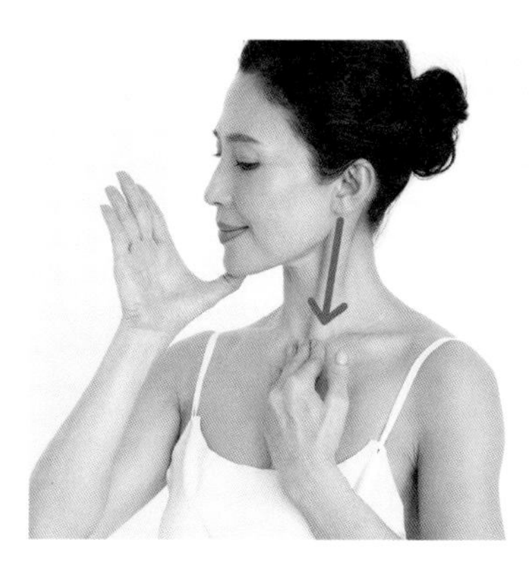

STEP_ 3

引っぱり合って10秒キープ

胸鎖乳突筋の起始部までスライドしたら、両手の指をそれぞれ引っぱり合うようにして10秒キープします。

＼反対側も同じようにおこないます♪／

Improvement of facial parts

11

美人空間をつくる①

～首、肩周りをスッキリ、肩のラインを下げる～

首から肩にかけてのラインがスッキリしていると、小顔に見えるもの。そんな「美人空間」をつくるには、ストンと肩のラインを下げること。肩の力は抜きつつも、下腹はしっかり引き締めるのがコツですよ。

片手をクロスさせて肩におく

骨盤を立てるようにして、姿勢を正します。右腕の力を抜き、だらりとおろします。左手を、右の肩におきます。

STANDBY

STEP_ 1

息を吐きながら首筋を伸ばす

鼻から息を吸い、吐くときに頭を斜めに45度傾けます。3回ほど呼吸して、吐くときに、傾きを深めていきます。

STEP_ 2

元に戻す

息を吐ききったら、頭を元の位置へ戻します。

頭頂部で
弧を描くように
ゆっくり
戻しましょう

反対側も
同じように
おこないます♪

Improvement of facial parts

12

美人空間をつくる②

～首から肩のラインを美しく、首を細く～

首から肩のラインをととのえて、首を美しく見せます。うっとりするような肩のラインも相まって、首が細く長く見えると、小顔効果もますますアップしますよ。

指を首の骨のきわに当てる

右手の４本の指の指の腹を、
首の骨の左側の側面のきわにぴったりと当てます。

STANDBY

ずり圧をかける場所

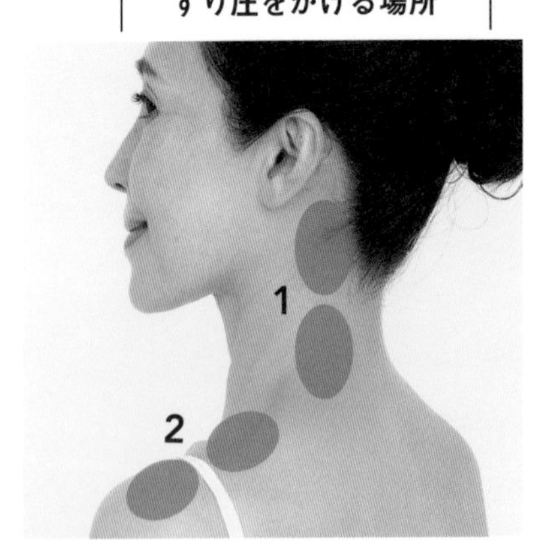

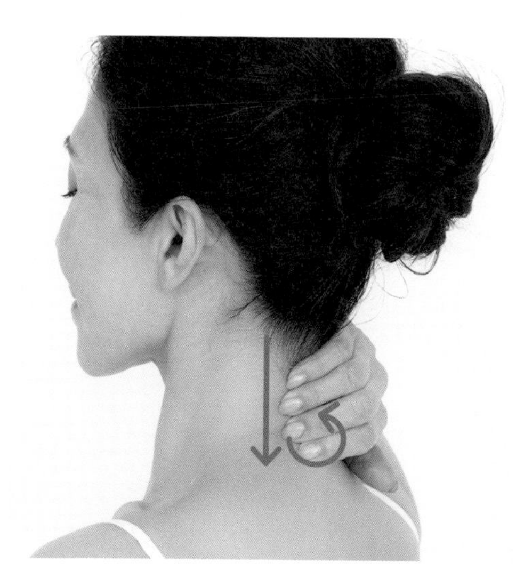

STEP_ 1

首の骨のきわにずり圧をかける

首の骨の側面のきわに、円を描いてすくい上げるようにずり圧を5回かけます。少しずつ下にずらして、肩に当たるまで移動し、同様に5回ずつ、ずり圧をかけます。

STEP_ 2

肩のラインを押しずらす

右手を前から回して、肩のラインに４本の指を並べ、横に押しずらすようにずり圧を５回かけます。さらに外側に移動させて、同様にずり圧を５回かけます。

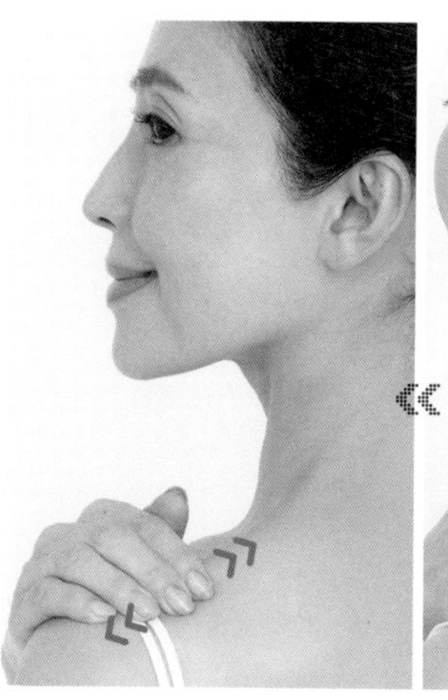

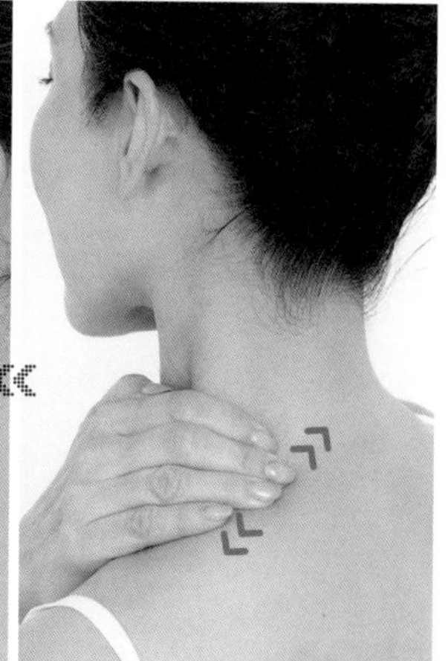

反対側も
同じように
おこないます♪

抜け感のある色っぽ肩ラインに
〜きれいな肩ラインに〜

片側
約10秒

片腕を曲げる

片ひじを 90 度に曲げ、
二の腕は床と平行になるようにします。

呼吸に合わせて
腕を曲げ伸ばして、
肩関節の詰まりを解消します。
これだけで肩のラインに
抜け感が出て、
華奢な肩ラインに変わり、
腕も長くなります。

STEP_ 1

手を伸ばす

鼻から息を吸い、吐くときに、手の先をできるだけ遠くに伸ばします。手先と肩は引っぱり合うように。

STEP_ 2

片腕を曲げる

息を吐ききったら元の状態に戻します。これを3回繰り返します。

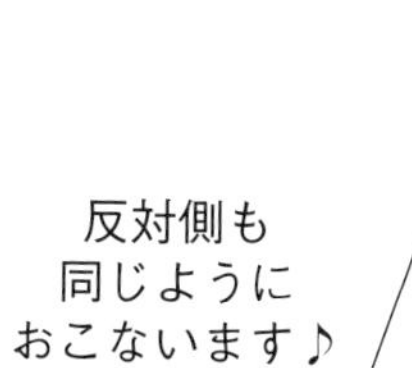

＼反対側も同じようにおこないます♪／

Question

セルフケアの時間は、どんな時間？

＼ 生徒さんに聞きました ／

●毎日の顔の状態と心の状態をチェックする、大切な時間です。（ヒロコさん）

●自分をいたわる時間、変化に気づく時間、疲れを癒やす時間。（池田さん）

●私にとって、とても大切な時間。何があろうとセルフケアを優先します。
そうしないと1日が始まらないんです。
キレイなピンッと張った顔で人前に出たいですよね♪（ますみさん）

●自分の顔がピーンと引き上がって、うれしい時間です。（Sさん）

●心地よい時間、気分が上がる時間。（カオリさん）

●最初むくみ・こりがあるのですが、終わると解消され、
効果がわかるからうれしくなります。（マリコさん）

●自分と向き合う時間であり、自分を大切にしていると感じる時間です。（MADOKAさん）

●1日の始まりの欠かせない時間。（N.Yさん）

●今は特別ではなく日常のひとコマで、
メイクやスキンケアを仕上げる前のひとつのプロセスになっています。（milleさん）

●顔、デコルテ周りがじんわりと温かくなるのでリラックスタイムであり、
自分に手をかける貴重な時間です。鏡をじっくり見るのもこのときだけです。
疲れた表情をしていてもケアをすると改善するため、
また明日もがんばれる、がんばろうという気持ちになります。（N.Sさん）

PART

3

Become a miraculous 50s
DAILY BEAUTY ROUTINE

奇跡の50代をつくる

毎日の美ルーティン

ROUTINE

「どんな化粧品を使っているんですか？」
「食事で気をつけていることは？」などと
聞かれることがふえました。
顔のセルフケア以外では、いたって普通だと思うのですが、
日々気をつけている美容のルーティンを紹介します。
一つでもお役に立つことがあれば、うれしいです。

TIPS 1

実は50代に なってからも 進化しています

実を言えば、40代のときには「50歳になるのがイヤだなぁ」と思っていました。年上の友人が口をそろえて「崖から転げ落ちるみたいに体の衰えを感じる」と言っていたからです。

実際に50歳になり、それが真実だと知りました。ストレッチすると関節がミシミシとするようになり、太りやすくやせにくくなる。「ああ、これが50代！」と実感したのです。

でも私には筋膜の知識がありました。閉経すると筋膜の中の水分が減り、かたくなります。放置してはいけないと、全身の筋膜ケアにも力を入れるようになりました。そのおかげで「50歳の崖」を滑り落ちずにすんだと思います。

それでも当時の写真を見ると、顔の左右差や立体感のなさが気になります。筋膜セルフケアは、続ければ続けるほどに効果が出ます。年齢を重ねたいまのほうが、私は自分の顔が好きになっています。

「自分らしい若々しさを！」と語る
佐藤由美子さんは、セサミン愛飲者です。

年齢のせいと嘆かない。
自分らしい若々しさを理想像に。

カラダの中からケアをしているので
自分に自信が持てるようになりました。
ひとまわり年下の方たちとの会話も弾みますよ笑

セサミン、頼りになりますね。
外見だけではなく、カラダも気持ちも若々しく！
そんな50代を目指しています。

愛飲者 佐藤由美子さん(51歳)

「セサミン」の広告に水着で出演！

50歳で「セサミン」の広告に出演。水着で顔を隠した4人の女性がいて「1人だけ50代がいます」というもので、見覚えがあるという方もいるのでは……。20代女性に囲まれての撮影は、何か罰ゲームのようにも思えましたが、出てよかった。50歳の自分に自信が持てるきっかけになりました。

TIPS 2

「奇跡の50代」の美をつくる24時間の過ごし方

どんなに顔の筋膜を整えても、生活が乱れていたら期待する効果は得にくいもの。だから私は忙しくても食事と運動、そしてリラックスタイムを大切にしています。体を整えることは仕事のパフォーマンス向上にも、心の安定にもつながるのです。

MORNING

一日の始まりはポジティブに。きょうはどんないいことがある？

「きょうはどんないいことがあるんだろう」
そんなポジティブな気持ちで朝を迎えるようにしています。
そうすると脳は一日じゅう「いいこと」をさがしてくれるのです。
することの多い朝は、行動をルーティン化。
自分にとってベストな流れで一日を始めます。

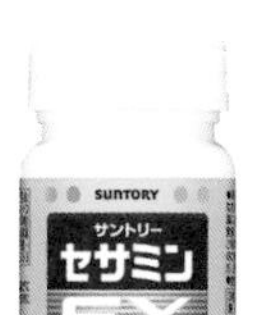

白湯（さゆ）を飲む

白湯は冷えを防ぎ、体のめぐりをよくする効果があります。おかげで毎日のお通じもスムーズ。このときに「セサミン」も一緒に飲みます。私が唯一飲んでいるサプリです。

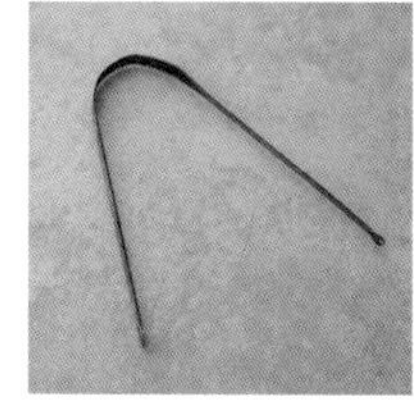
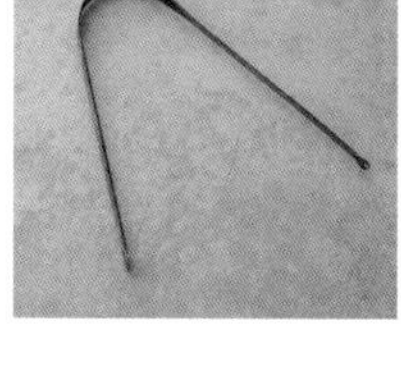

舌のクリーニング

起床は朝７時。起きてすぐに舌の掃除をします。表面についた白い舌苔（ぜったい）は老廃物なので、飲み込まないよう銅製のクリーナーでしっかり落とし、うがいをします。

お顔の筋膜セルフケア

洗顔後は寝室のドレッサーの鏡を使って、お顔の筋膜セルフケアを10分間。「ジュリーク」のフェイスオイルは、テクスチャーも香りもお気に入りです。

全身に化粧水

寝起きにのどが渇いているように、朝は体だってカラカラ。肌にうるおいを与えるため、全身に化粧水をたっぷり塗っています。韓国コスメの「CICA」の大容量ボトルを愛用。

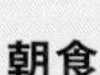

朝食

朝のルーティンが終わったら朝食。16～20種類の野菜を使ったサラダとフルーツ、手作りのオートミールバナナパンケーキが定番。小麦粉をできるだけ避けたいので、つぶしたバナナと卵、オートミールをまぜて焼きます。

頭皮マッサージ＆髪に化粧水

ヘアケアに使うのは、髪質改善に通うヘアサロン「fika」のオリジナルアイテム。海洋深層水化粧水を頭皮に塗ってマッサージをしたら、髪にも化粧水をふりかけてうるおいを与えます。

DAYTIME

午前中はボディメイクをしっかり。午後は仕事に集中

朝食がすんだらボディメイク開始。達成したい目標があり、そのために
1年ごとの到達目標を設定しています。
さらにそれを月単位、週単位に細分化しているので
「きょう、すべきこと」も明確です。毎日集中して仕事ができるのは、
好きなことを仕事にできているから。
いまのこの環境にとても感謝しています。

仕事

仕事は書類を作成したり、オンラインレッスンをしたり。悩みをかかえている生徒さんたちが、レッスンを受けて変化し、本来の美しさが引き出されていく姿を見るのは最大の喜びです。「みんな、輝く人生を送ってね！」と心から願っています。

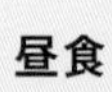

昼食

食事は９割以上が自炊なので、昼食も仕事の合間にパッと作って食べています。その分、たまに外食するときには、カロリーなど気にせず好きなものを選びます。

ボディメイク

午前中は１時間ほどかけてエクササイズ。ストレッチポールで全身の筋膜をしっかりゆるめたあと、呼吸エクササイズ、骨格の調整、インナーマッスルの強化などをおこないます。水分補給が大切なので、白湯やハーブティーを飲みながら。

NIGHT

睡眠時間は削らない。忙しい日々の中にもおだやかな時間を

仕事のパフォーマンスを上げるためにも健康的にパワフルであることは大切。そのためにも、6～7時間は眠れるよう、就寝時刻に向けて心と体をおだやかにします。早めに夕食をとり、バスタイムはゆったりと。眠る前にほっと一息つきながら、インスタを更新することも。娘とたわいないおしゃべりをすることも、リラックスには欠かせません。

顔のパック

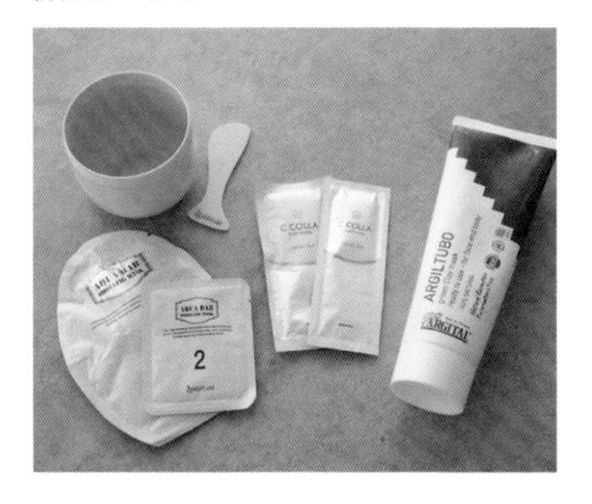

右は「アルジタル」のクレイパック。毛穴の汚れをとりたいときに使います。中央は「C.COLLA」の炭酸パック。ハリとつやをプラスしたいときに。左は「23years old」のアクアバブ。しっかりうるおいたいときの頼れる味方です。

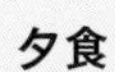

夕食は17～18時ごろ。早めに食べることで体調もよく、太りにくくなったと感じます。夜は野菜中心で、できるだけ和食。週1～2回は白ワインを楽しんでいます。

入浴

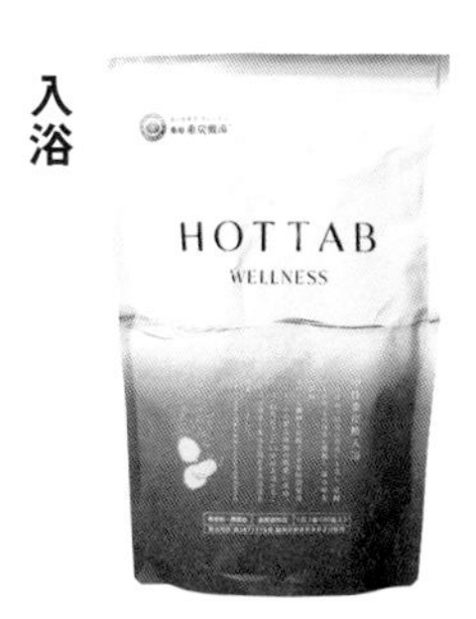

四季を問わず、バスタブにお湯をためて20分ほどつかります。お湯には重炭酸タブレットを入れ、水を飲みながらリラックス。ここでしっかり汗をかいて老廃物を流します。

体のマッサージ

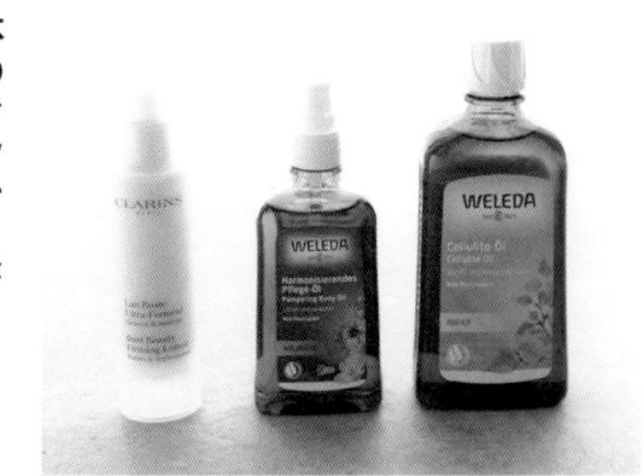

お風呂上がりは体の水分をふかず、「ヴェレダ」のオイルを塗って体をマッサージ。右は全身用、まん中はデコルテや首に使います。左は「クラランス」のバスト用美容乳液。ハリ感と弾力感を導く効果があるのでバストケアに。

TIPS 3

洗顔後は徹底的に保湿。肌に水分を入れ続けます

私がスキンケアで重視していることは、「肌をこすらない」ことと「保湿」です。肌に摩擦力が加わると、シワやシミなどの肌トラブルを引き起こします。肌へのダメージを極力避けるために、クレンジングはミルクタイプ。お肌の上で転がすようにしてなじませて汚れを浮き上がらせます。洗顔料は粒状のペーストを肌に広げて使います。どちらも洗い流すタイプなので、ぬるま湯で30回以上流します。

洗顔がすんだらすぐ保湿。500円玉程度のローションを手にとり、両手になじませて肌に押し込みます。目元、ひたい、鼻周りなども指でていねいに。これを3回繰り返し、手にお肌が吸いつくような状態まで保湿します。ただし、どんなにがんばっても筋膜が整っていないと化粧水もすんなり肌に入りません。基本は筋膜ケアなのです。

基礎化粧品

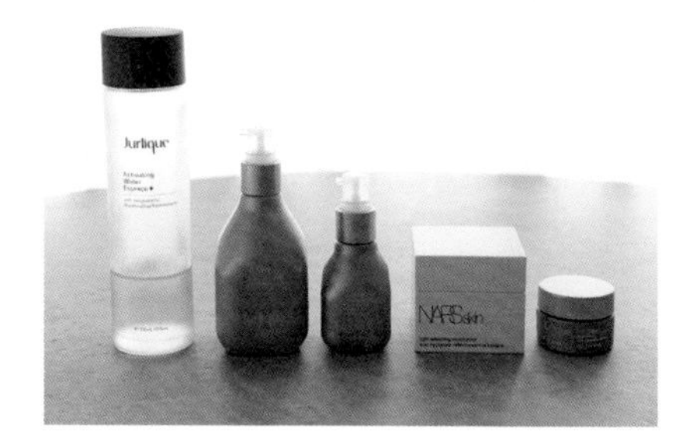

基礎化粧品も「ジュリーク」を愛用。左からローション2種類、美容液、右端がアイクリーム。右から2番目のフェイスクリームは「NARS」。うるおいが持続する感じが気に入って使っています。

洗顔

「ジュリーク」の製品は香りがよく、肌に浸透していく感じがお気に入り。また、オーガニック認証自社農園で化粧品の原料となる植物を栽培・収穫している企業姿勢にも共感しています。写真はクレンジング（右）と洗顔料（左）。

TIPS 4

健康的で若々しく。筋膜が整えばメイクは薄塗りでOK

レッスンを受講された皆さんから、「メイクに時間がかからなくなりました」とよく聞きます。それは私も実感しています。顔色が明るくなり、くちびるもぷっくり。あれこれ塗らなくても顔が整うのです。

それでもメイクをすると、いろいろな雰囲気を演出できます。特にベースメイクにこだわっています。たとえば、少しおしゃれをして外出するときに服に合わせて光を飛ばすような薄づきのツヤ肌メイクにしたりします。そんなツヤ肌づくりには「ディオール」の化粧下地が欠かせません。そこに「ＮＡＲＳ」のリキッドファンデーションを薄く重ねます。これはきれいにのびるので大好きです。フェイスパウダーも「ＮＡＲＳ」。仕上げに「＆ｂｅ」のハイライターを鼻の頭やあご、目元に軽く塗ります。これで健康的なツヤ肌完成です。

メイクボックス

化粧品はすべてこのメイクボックスに。Amazonで購入しました。ごちゃごちゃしがちなメイク道具がスッキリまとめられ、部屋の雰囲気も壊しません。家のどこでもメイクができ、まるごと外に持っていくこともできて便利です。

ちなみにファンデーションは５種類持っていて、フォーマル感のある服装のときには上質な肌質感の出るベースメイクにしています。

TIPS 5

40代からの髪のゴワつきは徹底保湿で改善

A

B

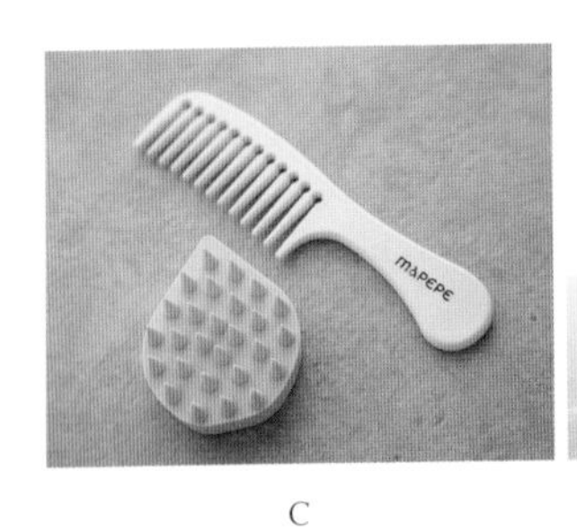

C

40代の半ばごろからでしょうか、髪のエイジングを感じるようになりました。私の場合は髪の毛のうねりとゴワつきが顕著。でも、ご安心ください。ちゃんと改善しました。

特に意識したのは保湿です。髪や地肌の水分を奪わないよう、入浴後すぐにタオルドライし、髪用の化粧水をまんべんなくスプレーします。ドライヤーをかけるときは、キューティクルが整うように真上から下に向かって風を当てるのも、髪のツヤを保つコツです。ドライヤーは「ダイソン」。髪の毛のツヤを守り、短時間で乾かしてくれるのです。ドライヤーが違うと髪質も変わることにびっくりしました。

ちなみに私は夜に髪を洗います。ゆったりお風呂に入って毛穴を開き、ぬるま湯で頭皮の汚れを十分落としてからシャンプー。頭皮に汚れが残ると保湿もうまくいきません。

(A)

シャンプー＆トリートメント

ヘアケア用品は基本、東京・恵比寿のヘアサロン「fika」のオリジナルグッズを使っています。ミネラル豊富な海洋深層水を使っているのが魅力。

(B)

髪用化粧水＆オイル

左は「fika」の髪の毛専用の化粧水。朝の髪の保湿のときにも使う愛用品です。右は髪用のオイル。ドライヤー後につけて髪の毛を落ち着かせるのにもぴったりです。

(C)

くし＆頭皮ブラシ

シャンプーのときは頭皮をマッサージできるブラシ（下）を使用。トリートメントはくし（上）でなじませると、髪の毛1本1本に行き渡ってサラサラになります。

For ONLINE

「オンライン美人」「自撮り美人」になれる方法は？

オンライン会議やオンライン飲み会、
スマホでの自撮り……
自分の顔を画像で見る機会がふえました。
私たち世代はなにかと不慣れですし、
「画面に映った自分の顔を見ると
がっかりする」という気持ちもわかります。
でも、あきらめないで。大丈夫。
練習と慣れで、必ず実物より3割増しに
撮れるようになります。

オンライン美人のコツ

□ 光をじょうずにとり入れる

光を味方につけた人が勝ちです。明るければいいというわけではないので、顔にほどよく光が当たる場所をさがしましょう。自然光でも室内照明でも同じです。

□ カメラの角度を調節

画面に映った自分が、相手から見て見おろしたり見上げたりしていないようにカメラの角度を調節。まっすぐ相手の目線を見られる位置だと、よい印象になります。

自撮り美人のコツ

□ 自分の得意な角度を知る

顔にはどうしても左右差があります。左右どちらで映るほうがよいかは、鏡を見るだけではわからないもの。撮影した写真を確認して、「得意な角度」をチェック。

□ 自撮りは練習あるのみ

得意な角度を知るためにも、自撮り練習は必須です。お顔の角度、光の入り方、表情などを変えて撮影しましょう。自宅で練習し、失敗写真は即座に消去すれば問題ナシ！

PART

4

A change of face
changes a heart

顔から前向きに変わる

心のセルフケア

MENTAL
CARE

年齢を重ねたって悩みは尽きません。
私も悩んで、もがいて、苦しんで、今ここにいます。
心だってセルフケアが必要ですよね。
悩んだときの、私流の処方箋をお届けします。
そして同じような悩みをお持ちの私の生徒さんにも、
体験談という形で加わってもらいました。

Q

私はもともと美人ではないので、
いまさらがんばっても
キレイになんてならないかも……。

A

人にはそれぞれ、
その人なりの美しさがある。
「いまさら」でも
がんばれる人ってすてきです！

「美の原石」を磨いていこう。その輝きは生涯の宝物

美しさって人それぞれ。上品な美しさ、かわいらしい美しさ、キリリとした美しさ、みんな違うのです。

ところが**筋膜がよれると目の位置、鼻の位置、口の角度が微妙にくずれて、美しさが埋もれてしまいます**。レッスンの途中で「やった！　見えてきた！　**美しさが見えてきた！**」という瞬間があります。まるで原石を磨くみたいに。中から顔を出す宝石は、色も光り方もそれぞれ違うけれどすべて魅力的で、私のほうが感動します。だから、自分の美しさを知らないなんてもったいない。**「いまさら」でもいい、磨きましょう**。自分で見つけた輝きは一生の宝です。

私の場合　**N・Y**さん（60代前半）

勇気を出してよかった！ 60代でも着実に改善します

60代になった私は、顔全体がたるみ、口元はまるでブルドッグのようでした。くっきり深いほうれい線、目の下のこまかいシワ、落ちたまぶた、顔じゅう問題だらけでした。自分で自分を「みにくい」と思っていたので、鏡は見たくないし、だれにも会いたくない。自信なんてなく、暗い気持ちで過ごしていました。由美子先生のレッスンを知って「受講してみたい」と思ったときも、60代で始めるなんて……と最初はためらいました。でも、勇気を出して本当によかった。シワが薄くなり、まぶたが軽くなり、頬がスッキリしてきました。「これを続ければ改善できる」という糸口が見つかったことは、何よりうれしいことでした。おそいスタートで、まだまだ理想には遠いですが、がんばります。私よりお若い方は、少しでも早く始めてほしいですね。

Q

50代になって顔がたるみ、目が細くなりました。エステや小顔矯正をしても効果がなく、自信をなくしています。

A

筋膜を張ることで骨の位置も整います。自分の手で整えるのが一番の近道です。

週1回の高価な施術よりも毎日のセルフケアのほうが効果的

エステはリフレッシュやリラックス効果は高いと思いますが、基本的には顔の表面へのアプローチ。筋膜や骨格に変化はありません。小顔矯正は、顔の変化を実感する人もいると思います。でも、数日後には戻ってしまうことが多いもの。かといって毎日通うには、お金も時間もかかります。

一方、セルフケアなら施術するのは自分。**毎日元に戻せます**。それが3カ月後、半年後、大きな違いになるのは明白です。しかも一生続けられるすばらしい技術を手にするのです。**一生の財産にもなるセルフケア**、おすすめですよ。

私の場合　**mille**さん（50代前半）

「私にはセルフケアがある！」この自信と安心感が私を支える

年齢を重ねると、どうしても自分のネガティブな要素にばかり目がいき、テンションが下がりますよね。そんなとき「私にはこれがあるから、大丈夫」と思える「何か」があると強くなれます。私にとってそれがセルフケアです。

今までも顔ヨガをやってみたり、高額な美顔器を買ったりしましたが、広告にあるような効果はゼロ。もんもんとしていたときに由美子先生を知りました。やってみると、ずっと悩んでいたお顔のたるみ、口元とあごの下の「ポニョ」っとしたふくらみ、目元や首、くちびるの上のシワなどが改善しました。「ポニョが消えた」「盛大に見えていたシワが薄くなった」といちいち感動します。今では「私は自分の手だけで自分を変えられるんだぞ。フフフ」というなぞの自信と安心感を手に入れたと思っています！

Q

美容医療はいまやエステ感覚で、即効性もありそう。それでもセルフケアのほうがいいのでしょうか？

A

美容医療に終わりはありません。不安をかかえながら生きるのは幸せでしょうか。

だれだって本当は自分の顔を大切にしたいのです

「美容医療もやりましたけど、終わりが見えなくてつらかった」という生徒さんがいました。やめてしまったら前よりひどくなる気がして、不安で続けてしまうという話はよく耳にします。

でも、せっかくきれいになっても不安がつきまとうなんてもったいない。「人に知られたくない」と後ろ暗い気持ちになるとしたら残念。本当はみんな、**自分の顔を大切にしたい**のです。年齢を重ねても「私は自分の顔が好き」と思いたいのです。そのためにも**自然な形で、美しくなりましょう**。自分の顔がますます好きになれるから。

私の場合　**R・M**さん（40代後半）

メスを入れるのがこわくて
セルフケアを続けたら正解！

40代になって顔がたるみ始め、特に目の下のたるみが深刻になりました。美容クリニックに相談すると、「内側からメスを入れて脂肪を除去するしかない」「また脂肪がたまったら再手術になる」とのこと。費用は高額だし、何よりこわい……ほかの方法がないかとネットで調べて、由美子先生を知りました。「三日坊主の私が続くかな」と思ったのですが、レッスンを受けたら目の下がスッキリ。でも翌朝には元に戻っていて、またあわててケアする……を繰り返すうちに習慣化していきました。

少しして、美容医療について相談していた友だちに会うと「もしかして（整形）やった？」と驚かれ、「やっぱり効いてるんだ！」と実感。後日会った別の友人にも「シワもないし、肌がきれい」とほめられました。続けてよかった！

Q

私は何をやっても
長続きしないタイプ。セルフケアを
毎日続けられる気がしません。

A

顔の筋膜のセルフケアには、
どうも
「毎日続けたくなる魔法」が
あるようです。

すぐにお顔が変わりスッキリとして気持ちがいいから続けられる！

私の生徒さんも、10人中9人は同じことを言います（笑）。でも続けちゃうんです。なぜかというと、**顔が確実に変化する**から。「きょうも変化したかな？」と鏡を見たくなっちゃうし、改善されていく自分の顔を見るのはうれしいし、筋膜の骨格が整うと**めぐりがよくなるので気持ちいい**。さまざまな意味で中毒性があるらしいですね。

やり方を完全に覚えるまでは1週間くらいかかる人が多いようですが、「ここが正念場」と思って乗り切って。やり方が身についてしまえば、「朝のメイクの前に」「お風呂につかっている間に」など習慣化していきます。

私の場合　**マリコ**さん（50代前半）

「あなたがやらなきゃ変わらない」叱ってくれた由美子先生に感謝

実を言うと、私は由美子先生のレッスンを受けたあと、全くセルフケアをしなかったんです。言い訳をすれば仕事があまりに忙しく、動画を見返しながらやり方を覚える時間がなかったから。１カ月後、変化のない私の顔を見て由美子先生は静かな声で言いました。「やるのは自分。あなたがやらないと何も変わらないよ」と。本当にその通りです。その後は自分なりに工夫し、仕事の合間などのすき間時間に動画を倍速で見て、基本動作を頭にたたき込みました。今では毎日お風呂につかりながら何も見ずに実践できます。

続けると明らかに肌がピンと張り、顔の左右差もなくなりました。それだけでなく肩こりや首のこりも消え、不眠症ぎみだったのに夜ぐっすり眠れるようになったのです。叱ってくれた由美子先生には心から感謝です。

Q

由美子先生はいつも前向きですよね。
私は自分に自信が持てず、
一歩踏み出すことができません。

A

自信はあとからついてくる。
どんなことでもいいの、まずは
小さな一歩を踏み出しましょう。

お顔や体が変わることで内面も変わっていくのです

心と体はつながっています。私の生徒さんも最初「私なんて」という表情をしているかたが多いのですが、お顔の変化を目のあたりにすると、皆さん**表情にも言葉にも自信があふれて、瞳が輝きだします**。そんな変化に、私も胸が熱くなります。過去の私もそうだったから。妊娠で20kg太り、不眠症にもなった私。でもそれを克服したとき「変わった自分を大切にしたい」「もっと愛してあげたい」と思いました。周囲の人を大切にしようとする余裕も生まれました。

プラスのループが生まれたからこそ、今の私がここにいます。まずは**小さな一歩を踏み出しましょう**。自信がついてくるのはそのあとです。

私の場合　**N・S**さん（40代前半）

私には私の顔のよさがある セルフケアで勇気が出ました

美容について何の関心も持たずに生きてきた私ですが、40代になって顔の左右差がはげしくなり、たるみやシワもくっきり。友だちにも「疲れてる？」「大丈夫？」と聞かれ、ショックでした。そんなとき、由美子先生を知り、その美しさはもちろん、真摯（しんし）にまじめに研究している様子が伝わってきて受講を決意しました。続けていくうちに顔の左右差が消え、頬のたるみやシワ、くぼみが一気に減ったのです。先日、生まれて初めてデパートの化粧品売り場で化粧品を買いました。今までの私には、そこに行く勇気もなかったんです。美容部員さんに「お肌が整っていて、鼻筋がきれい」とほめていただき、本当にうれしかった。セルフケアは私の勇気の源。どんなに疲れていても「あしたもがんばれる」と勇気をもらえるのです。

おわりに

「えっ？　本当に同じ人ですか？」「今のほうがずっと若いですね！」

過去の写真と今の写真を並べると、たいていの人に驚かれます。ときには「整形もしたのでは？」と言われることもあります。

でも、美容整形も美容医療も一切していません。私の手だけで、今の私になりました。それは私の誇りなのですが、実を言うと、30代や40代の「ビフォー」写真を初めて発信するときは、ためらいがありました。ほうれい線やむくみが目立つこのころの写真を人目にさらすのは、やはり恥ずかしいし、勇気が必要です。そして当時の自分をさらしものにするような、申し訳なさも感じたのです。子育てや介護に追われ、美容にかける時間もほとんどなく、毎日必死に駆け抜けていた時期です。写真そのものも極端に少なく、子どもの入園式や入学式、旅先や友人の結婚式での写真がかろうじて残っているだけでした。

そんな過去の写真を見ながら、思いました。私、がんばったよね。この時期の私があるから、今があるんだよね、って。そしてそれが60代、70代の私につながっていくのだと思いました。私はこれから先、何歳になっても自分の顔を好きでいたい。この顔を大切にしながら生きていきたい。そんな決意の表れとして、「ビフォー＆アフター」写真を紹介することにしました。

この本には、レッスンを受けてくださった皆さんの「ビフォー&アフター」も掲載されています。どの方もきっと、私と同じように掲載を迷った瞬間があると思います。だれにとっても、自分のお顔は特別なものですから。

それでも「どなたかの役に立つなら」「このセルフケアをみんなに知ってほしいから」と協力してくださったのです。その思いには感謝しかありません。

この本を手にとってくださったあなたも、「自分の顔がイヤだ」「老いる自分を受け入れたくない」と思ったことがあるかもしれません。そんなとき、どうぞこのセルフケアを実践してみてください。手をかけ、愛情をかけたぶん、必ずあなたは自分のお顔が好きになるはずです。そして過去の自分のことも、愛(いと)しく思えてくるのではないでしょうか。

最後に、この本の制作に関わってくださった関係者の皆さま、歴代の恩師の方々、家族や友人に感謝をお伝えしたいと思います。

そしてアンケートや写真提供に協力してくださった、受講生の皆さまにも心からの「ありがとう」を。皆さんのおかげで、私もここまで歩んでくることができました。これからも一緒に進化し続けましょう!

2022年12月

佐藤由美子

佐藤由美子

美容家、顔筋膜リフト・セルフケアトレーナー

1969年生まれ。40歳を前にして、ストレスから不眠を経験し、体や心を整える勉強を始める。大手フィットネススタジオのインストラクターをへて、2020年に独立。オリジナルメソッド「YUMIKO式・筋膜リフト美顔」を考案。のべ38000人を指導。オンラインでの1対1プライベートレッスンは、2020年2月より開始。毎回満席になる人気講座。実践すれば確実に結果が出ると話題になっている。受講者はのべ1500人（2022年6月現在）。日本のみならず、アメリカ、イギリス、ドイツ、オーストラリア、上海など海外からも多数受講。

公式サイト：**https://www.yumikobikokkaku.com/**

Instagram：**@sato_yumiko_**

Staff

装丁・デザイン _ 高木秀幸、石田絢香（hoop.）
撮影 _ 天日恵美子
ヘア＆メイク _ Sai
イラスト _ 二階堂ちはる
構成・文 _ 神 素子
編集協力 _ 池田純子（Part 1、2）
DTP制作 _ 伊大知桂子、天満咲江（主婦の友社）
協力 _ サントリーウエルネス、名和裕寿（エキスパートナー）
編集担当 _ 志岐麻子（主婦の友社）

一生、進化する筋膜リフト美顔

2023年 1 月10日　第1刷発行
2024年 5 月10日　第8刷発行

著　者　佐藤由美子
発行者　平野健一
発行所　株式会社主婦の友社
〒141-0021　東京都品川区上大崎3-1-1 目黒セントラルスクエア
電話03-5280-7537（内容・不良品等のお問い合わせ）　049-259-1236（販売）
印刷所　大日本印刷株式会社

　ISBN 978-4-07-453434-0

■本のご注文は、お近くの書店または主婦の友社コールセンター（電話0120-916-892）まで。
＊お問い合わせ受付時間　月～金（祝日を除く）10:00～16:00
＊個人のお客さまからのよくある質問のご案内　https://shufunotomo.co.jp/faq/

一生、進化する
筋膜リフト美顔

美容家
顔筋膜リフト・セルフケアトレーナー
佐藤由美子
YUMIKO SATO

SHUFUNOTOMOSHA